五輪と万博

開発の夢、翻弄の歴史

畑中章宏
Akihiro HATANAKA

春 秋 社

はじめに

「幻想」の情景

オリンピックや博覧会といった巨大イベントは、国家が近代化を成し遂げていく過程で大きな役割を果たす。経済的な波及効果が大きく、人々の移動を促す。海外からの訪問者や陳列される文物は、世界にさまざまな文化があることを知る契機になるが、ナショナルな意識も強くなる。そして、巨大イベントは国土の開発を促進し、インフラが整備され、国民・市民は多くの便宜を享受することになる。しかし、国土・地域の開発がもたらす弊害もある。

発展を口実とした開発や整備によって、それまであった環境が変貌し、風景に変化をもたらす。巨大イベントは印象深い経験になる一方で、取り返しのつかない傷跡を残してきたのだ。開発の歴史は、翻弄の歴史でもあり、かつてそこにあった民俗が損なわれ、記憶からも消し去られてしまう。ここでいう経験や記憶は、住民だけが持つものではなく、土地のものでもあった。開発や整備という事態に、その場所その土地は、どのような感情を抱いたであろうか。戦前から戦後、現在に至るイベントを検証していくと、こうした土地の声が聞こえてくるかもしれない。これからおこなわれようとしている五輪と万博を前に、そんなことを考えているのだ。五輪と万博をめぐる社会史を描くことができないかと思ったのが、この本を書くことにしたそもそものきっかけだった。

一九六四年（昭和三九）の東京オリンピックと一九七〇年の大阪万国博覧会は、日本の高度成長に弾みをつけ、成長を全国に波及させた画期的なイベントだったといわれている。この二つのイベントについては、経済史や政治史、また社会学的な立場から数多くの著作が刊行されてきている。そんななかで、また異なる視点から、五輪と万博について叙述することはできるのだろうか。

歴史というものは、いくつもの層から成り立つものであり、それぞれの層によって見えかた、捉えかたが異なることはいうまでもない。その複数の層が並行し、ときには交じわりあいながら流れていく。そんな複層的な時間の流れや空間の変化を、とりあえず社会史と呼んでみることにする。

社会史を描くにはいくつもの視点が必要だろうし、それぞれに精通した専門知識や方法論を動員しなければならないだろう。私がその任にふさわしいかはさておき、五輪と万博に関する自分の記憶を掘り起こしてみたいと思う。

*

東京オリンピックが開催されたのは、二歳になる年だったので全く記憶にない。大阪万博のときは小学校の二年生で、大阪に住んでいたため印象に残っていることがいくつもある。

一九七〇年の三月一四日から九月一三日まで、大阪府吹田市の千里《せんり》丘陵で開催されたこの博覧会に私は三回ほど足を運んだ。一度は小学校の遠足で、あとの二回は家族で訪れたと記憶している。「月の石」の展示で人気を集めた「アメリカ館」は、行列のあまりの長さに見ることをあきらめた。それに比べれば行列が短かった「ソ連館」には入ったはずだが、展示自体はよく覚えていない。

国内パビリオンのなかで印象深いのは「せんい館」と「ガス館」だった。

赤いペンキを塗りたくり、まだ工事中か設営中のようなせんい館では、作業員姿の人形が立ち働いていたことに驚かされた。〝ブタの蚊取り線香箱〟を思わせる外観のガス館は小学生でも楽しめるもので、館内ではワイドスクリーンで、クレイジーキャッツのコント映画が上映されていたと記憶する。

当時の資料を眺めると思い出すことが意外なほど多いので、もしかすると三回以上出かけたのだろうか。ちなみにいま手元において見ているのは、猪熊《いのくま》弦一郎による表紙が美しい公式ガイドブックである。

会場の外では、「立ち止まらないでください！」と繰り返し呼びかけられる「動く歩道」が、「あんなもん歩く歩道や」と、家でも学校でも話題になった。

万博関連のニュースで最も記憶に残っているのは、「アイジャック事件」である。

四月の終わりごろ、「太陽の塔」の右目に、「赤軍」と書いたヘルメットをかぶって、青いタオルで覆面をした男が立てこもった。この篭城事件は、男が逮捕されるまで一週間にわたって連日報道され、万博に関心が薄い人々にも太陽の塔の姿が印象づけられることとなる。「アイジャック」というのは、それからひと月ほど前に発生した日本初のハイジャック事件「よど号ハイジャック事件」になぞらえたネーミングだった。

このアイジャック事件は、万博の閉幕から二か月後に起きた「三島事件」と、自分の記憶のなかではどこかで結びついている。自衛隊の駐屯地に立てこもった末、割腹自殺を図った制服姿の人物が著名な小説家であることは、八歳の私でも知っていた。

しかしいまでも私が万博と聞けば真っ先に思い浮かべるのは、家族とともにお祭り広場で見た「阿波踊り」である。「万国博覧会」なのに、いったいなぜ目の前で阿波踊りが踊られているのか？　霧雨の肌寒い日だったせいもあり、踊りの熱狂を子ども心に冷めた気分で観ていた。

しかしそれは、幻想的かつ生々しい情景だった。

大阪万博のおぼつかない記憶をたぐりながら、私は五輪と万博の社会史を描き出すため、ある人物を手がかりにして五輪と万博に近づいてみることを思いついた。その人物は、東京五輪のときには東京都副知事として力を尽くし、大阪万博では事務総長を務めた鈴木俊一《しゅんいち》である。

この二つのイベントを成功させた鈴木は、東京都知事に就任すると世界都市博覧会を構想した。『五輪と万博』と題した本に、都市博が入っているのはこうした理由からである。私が鈴木に興味を抱いたのは、鈴木の実家が東京昭島《あきしま》の蚕業《さんぎょう》講習所だったことにある。いまから数年前、日本の養蚕民俗にかんする本（『蚕――絹糸を吐く虫と日本人』）に取り組んでいたとき、たまたまその事実を知ったのも本書を執筆したきっかけのひとつだ。

*

五輪と万博のような巨大イベントには、つねに光と影、功と罪の側面がある。しかしそれを、現在の視線から評価してよいものだろうか。巨大イベントには多くの場合、自然に対して造成がおこなわれ、郊外が開発される。そのとき土地はどんな感情を抱いてきたのだろうか。

この本では、土地の記憶といったものをできるだけ叙述してみたい。そうした形で私が関心を寄せる感情の民俗学の視点を少しでも持ち込むことができれば、一風変わった五輪と万博の社会史になるのでは……。そんなことを想像しながら、筆を進めていくことにしよう。

五輪と万博　目次

II　一九六四東京五輪　

五輪と万博——開発の夢、翻弄の歴史

明治末頃の代々木原（所蔵　白根記念渋谷区郷土博物館・文学館）

I　一九四〇東京五輪・東京万博

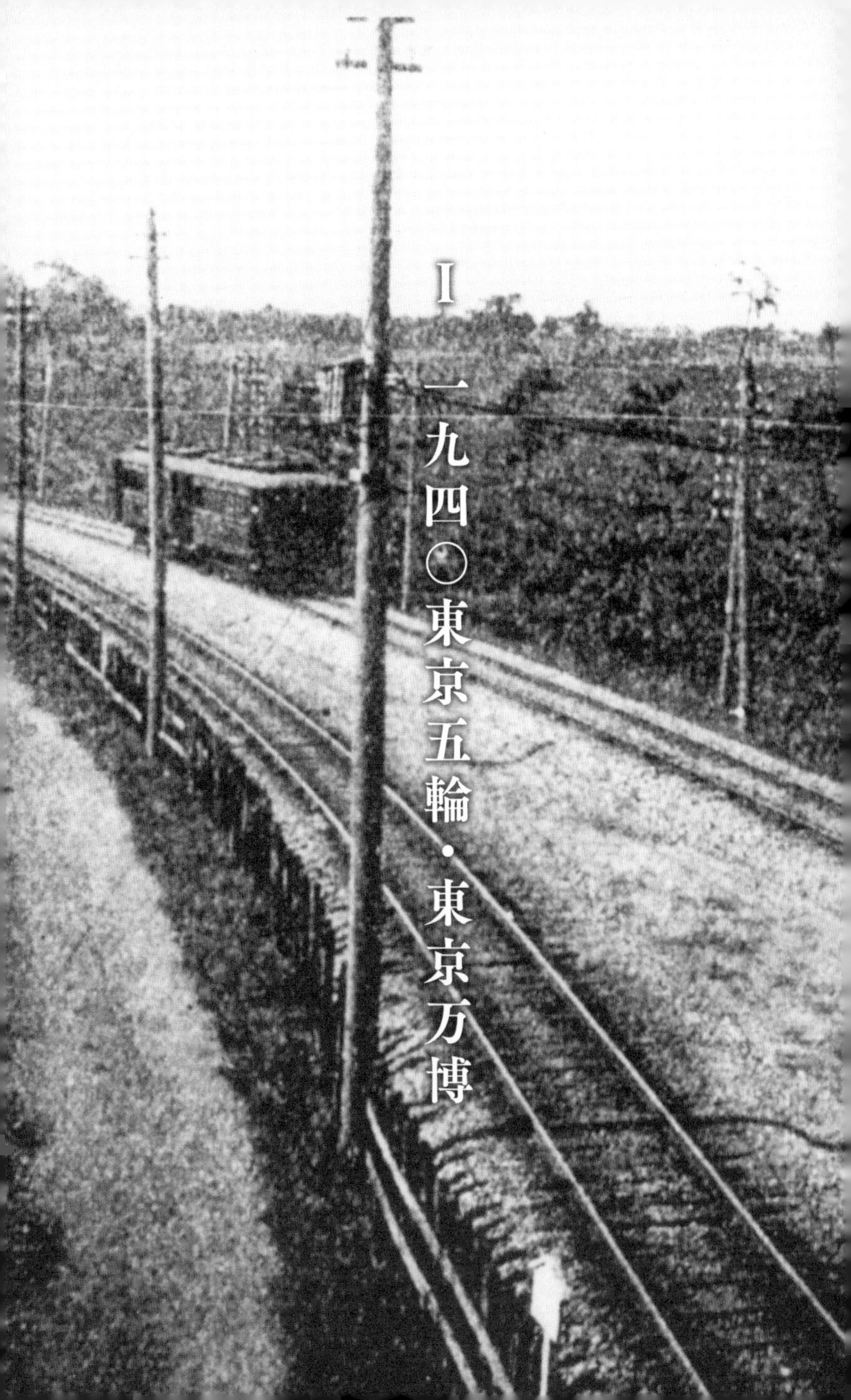

1　駒沢という郊外

「駒沢村狸谷」の記憶

その村でオリンピックが開催されるという計画は、降って湧いたような話だった。

一九三一年（昭和六）一〇月二八日、東京市議会で「国際オリンピック競技大会開催に関する建議」が満場一致で採択され、一九四〇年開催への準備の過程では、神宮外苑競技場を改造してメイン会場にあてる計画だった。しかし、明治神宮外苑を管轄する内務省神社局がこの計画に強硬に反対したのである。

一九三七年五月一八日、第一二回オリンピック東京大会組織委員会の総会に内務次官代理として出席した神社局長児玉九一《きゅういち》は、「風致上、管理上の問題および明治神宮外苑が国民の浄財で造苑された記念物であることなどから、内務省としては同競技場の改造計画案には同意しがたい」という意見を述べる。そこでオリンピック東京大会のメイン会場は、東京市世田谷区深沢町の「駒沢ゴルフ場」に建設することに計画が変更されたのだ。

　東急田園都市線「駒沢大学駅」を降りて「自由通り」を南に進み、住宅地をしばらく行くと右手に駒沢オリンピック公園が現れる。公園内には、ジョギングする人や、犬を連れて散歩する人々で、のどかな空気が流れる。オリンピック記念塔が建つ中央広場は憩いの場として親しまれ、競技場も陸上競技大会などが催される日は多くの観客でにぎわう。

　一八八九年（明治二二）の町村制施行に伴い、荏原《えばら》郡の六つの村（上馬引沢《かみうまひきさわ》村、下馬《しもうま》引沢村、野沢村、弦巻《つるまき》村、世田ヶ谷新町、深沢村）が合併して「駒沢村」となる。一九二三年（大正一二）の関東大震災を境に、下町から被災した人々が移ってきたため、人口が急増し二五年一〇月「駒沢町」になった。三二年の東京市世田谷区成立時に「駒沢」という町名はいったん消え、復活したのは六七年からである。

　町村制が施行される以前は、荏原郡駒沢村大字深沢字狸谷《まみがや》という地名で、台地の森林地帯では明治天皇が兎狩りを楽しんだといわれる。このころは養鶏場のほかに民家が一軒だけ建つ淋しいところで、高さ三〇メートルほどの松山とくぬぎ山があった。人々は毎年、くぬぎ山の木の下枝を台木を残して切り払い、燃料にしていたので、この山は「台切り山」とも呼ばれた。また、この山で女性が臀部《でんぶ》を切られる事件が起きたことから、村人は「でん切り山」と呼ぶようになったという。こんな牧歌的な風景はしかし、鉄道の開通により変貌していくことになる。

一九〇七年三月、玉川電気鉄道（玉電）の道玄坂上・三軒茶屋間が開通し、駒沢村の北側に「駒沢駅」が開業する。なお地下化以前の駒沢駅は、現在の駒沢大学駅とは場所が異なる。新玉川線の駅を設けるとき、玉電の駒沢電停（駒沢交差点）付近にするか、上馬付近に建設するかで揉めて、裁判のすえ現在の場所に決定したのだった。

玉電はその後、一九〇七年四月一日に三軒茶屋・玉川（現在の二子玉川）間が開通し、同年八月には道玄坂上から渋谷まで延伸して、玉川・渋谷間の全線が開通した。この路線は多摩川の砂利輸送を敷設の目的のひとつにしていたところから「ジャリ電」とあだ名されていた。しかし旅客誘致のために遊園地が開業し、住宅地が分譲されるなど、沿線は開発され発展していった。

日本初の本格的ゴルフコース

駒沢にゴルフ場が造成されたのは一九一三年（大正二）のことである。松林や雑木林、畑ばかりだったこのさびしい場所に目を付けたのは、横浜正金銀行頭取の井上準之助だった。欧米でゴルフになじんだ井上や樺山愛輔らはこの年、日本で初めて、日本人の手によるゴルフ倶楽部「東京ゴルフ倶楽部」を結成した。井上はこのゴルフ倶楽部の会員と図り、駒沢のこの土地を借りてコースにしようとしたのである。

井上準之助は東京帝国大学を卒業後、日本銀行に入り、大阪支店長・営業局長などを歴任。横浜正金銀行頭取を務めたのち、日銀総裁に就任した。山本権兵衛内閣では蔵相となり、翌年貴族院議員に勅選。高橋是清《これきよ》蔵相の下で再び日銀総裁に就き、浜口雄幸《おさち》内閣の蔵相として金解禁を実施した。蔵相辞任後に民政党総務になるが、一九三二年（昭和七）に起こった血盟団事件で暗殺される。

井上の要請にこたえた駒沢村では、一〇万平方メートルの土地を一坪五厘で貸すことにした。一九一四年ごろから工事が始まり、大木が次々に伐り倒されて、広大なゴルフ場が整備されていく。日本初の本格的なコースといわれるこのゴルフ場のことを、駒沢の人々は「特別な階級の人たちが黒い馬車などに乗ってゴルフをしに来た」と回想している。

駒沢にはゴルフコースより前に大学が進出し、校地を構えていた。現在の駒澤大学深沢キャンパスである。

一五九二年（文禄元）、江戸駿河台《するがだい》の吉祥寺境内に設立された「学林」を前身とする駒澤大学は、一八八二年（明治一五）、麻布区北日ケ窪《ひがくぼ》（現在の港区六本木六丁目）に僧侶を養成するための「曹洞宗大学林専門学本校」として開校した。一九〇四年に専門学校令による大学となり「曹洞宗大学」に改称、一二年に校地を取得し、翌一三年に駒沢村に移転してきていた。現在の駒澤大学に改称したのは一九二五年のことである。駒沢校地のあたりは、北・東・南の三方を呑《のみ》川《がわ》の支谷に囲まれ、かつては小説家岡本かの子の父、大貫寅吉の所有地だったこともある。

ゴルフ場が開業すると近くに三越倶楽部ができ、五、六軒ほどの別荘地が生まれた。新しいロストボールが一個五〇銭くらいで売れるなど、ゴルフ場の恩恵にあずかることもあった。

しかし昭和の初めになると、土地代が徐々に高くなり、ゴルフ場の経営が成り立たなくなり、東京ゴルフ倶楽部は駒沢を引き払って、一九三二年に埼玉県膝折《ひざおり》村（現在の朝霞《あさか》市）に移転してしまう。その後、駒沢のコースは「目黒蒲田電鉄」（現在の東急電鉄）に売却され、パブリックコースの「駒沢ゴルフ場」となった。

一九四〇東京オリンピック誘致

このあたりで一九四〇年（昭和一五）の第一二回オリンピック大会が東京に決まるまでの経緯をみていくことにしよう。

一九二九年、国際陸上競技連盟会長ジークフリード・エドストレームが来日し、日本学生競技連盟会長の山本忠興と会見した。ふたりはその際に、四〇年に開催される第一二回夏季オリンピックを東京に招致する可能性について意見を交わした。山本は日本学生競技連盟会長のほか、早稲田大学野球部や早稲田大学競走部の部長、早稲田大学体育会長、そして二八年アムステルダムオリンピックの日本選手団総監督などを務めたスポーツ指導者である。また電気機械の発明者としても知られ、三〇年には「早大式テレビ」を完成させてもいる。

翌一九三〇年六月、東京市長・永田秀次郎《ひでじろう》のもとを、ドイツのダルムシュタットで開かれる世界学生陸上競技選手権大会に参加する全日本学生チームの総監督に任命された山本が訪問する。このとき永田は、「紀元二六〇〇年記念行事」として東京でオリンピックを開催したいので、可能性を探ってきてほしいと依頼した。ドイツから帰国した山本は、オリンピックの東京開催は実現可能、という内容の調査報告書を永田に提出。そして三一年一〇月二八日に東京市議会で、「国際オリンピック競技大会開催に関する建議」が満場一致で採択されたのである。

一九三二年におこなわれたＩＯＣ（国際オリンピック委員会）総会の席上、日本の代表はＩＯＣ会長に対し正式に招待状を提出し、東京は正式に、第一二回国際オリンピック競技大会開催候補地として立候補した。翌三三年、嘉納《かのう》治五郎《じごろう》ＩＯＣ委員とともに東京招致の支柱だった岸清一が亡くなったため、外交官出身の杉村陽太郎と副島道正がＩＯＣ委員となり、日本側のＩＯＣ委員は嘉納を含む三人となった。

一九三五年にノルウェーの首都オスロで開催されたＩＯＣ総会では、東京、ローマ、ヘルシ

東京ゴルフ倶楽部の駒沢コース。1925年（大正14）。
写真中央奥に見える建物は曹洞宗大学（現在の駒澤大学）
（所蔵 駒澤大学禅文化歴史博物館）

ンキの三市の争いとなった。杉村、副島両ＩＯＣ委員は、東京のライバルであるローマの立候補辞退を依頼するため、イタリアのベニート・ムッソリーニ首相と交渉し、辞退の約束を取りつけた。ローマはその後、再び立候補を表明したが、第二次エチオピア戦争を開始したことから、ムッソリーニは最終的に東京開催への支持を表明した。

第一二回大会の開催地を決定する第三五次ＩＯＣ総会は、一九三六年に、第一一回オリンピックを開催しているベルリンでおこなわれた。

ベルリン大会ではオリンピック大会組織委員会総裁にアドルフ・ヒトラー総統が就任し、史上初の「聖火リレー」が実施された。日本勢では競泳女子二〇〇メートル平泳ぎで、前畑秀子が日本人女性で初めて金メダルを獲得した。このときの競技実況で、ＮＨＫのラジオ中継を務めた河西三省《かさいさんせい》アナウンサーが、「前畑がんばれ」と連呼したことはよく知られている。また、当時日本の占領下にあった朝鮮出身の孫基禎《そんきてい》が日本代表としてマラソンに出場して優勝した。

ＩＯＣ総会での投票の際、日本の招致委員会を代表して嘉納治五郎が演説し、東京が三六票、ヘルシンキが二七票を獲得して、第一二回オリンピック競技大会の東京開催が決定した。そしてこの大会のメイン競技場は、明治神宮外苑競技場を用いることで計画が進んでいったのである。

「復興五輪」

スポーツ人類学研究者の大林太朗は、日本が「一九四〇東京五輪」を招致するなかで、関東大震災からの「復興」をアピールしていたことを指摘している。

一九三一年（昭和六）一〇月二八日に東京市議会に提出され、満場一致で可決された「オリンピック大会東京市開催に関する建議案」の文面には、「復興成れる我が東京市に於て第十二回国際オリンピック競技大会を開催する」ことを希望するという記載がある。また三二年六月一〇日、永田秀次郎東京市長が齋藤實《まこと》外務大臣に対して提出したオリンピックの招致活動に関する協力依頼の上申書のなかに、「本市に於ては既に復興事業完成し市域拡張も決定して大都市たるの施設を進め居る今日第十二回国際オリンピック競技大会は是非之を当地に於いて開催せらるることを熱望」していると記されている。さらにＩＯＣのオリンピックスタディセンターに保管されている招致アルバム（一九三三～三五年）にも、関東大震災を契機とした都市の近代化、そしてスポーツ都市としての環境整備に関する内容が写真とともに明示されているという（「関東大震災（一九二三年）からの復興と第一二回オリンピック東京大会（一九四〇年）招致に関する研究」）。

大震災から八年後、めざましい復興を遂げた東京を舞台にオリンピックを開催し、復興の姿を見に来てほしいと行政は訴えていたのである。こうした招致の理由、あるいは名目が、二一世紀にも繰り返されていたことは注目しておくべきだろう。

2　代々木の昔と競技場

東京の「郊外」

新渡戸《にとべ》稲造や民俗学者の柳田国男と親交が深かった人文地理学者の小田内通敏《おだうちみちとし》が一九一八年（大正七）に刊行した『都市及村落の研究　帝都と近郊』は「郊外」論の先駆的な著作である。このなかで小田内は次のように記している。

東京の発展に伴って近世的な農村地帯の人口が増加し、住宅や商店、工場も増えることで、「都市化」していった。その結果、現れたのが「近郊」あるいは「郊外」である。明治大正時代には、交通の発達により、蔬菜《そさい》栽培地・遊覧地の範囲も拡大していった。住宅地域は「日本橋より直径七哩半即ち約二哩の地域を、実現すべき第一期の予定区域として議定」されたため、「郊外の意義に更に都市的居住地なる新味を加ふるに至れる」という。

『帝都と近郊』によると、大正から昭和の駒沢村は典型的な「郊外」だった。一方、これから取り上げる代々木のあたりも、「郊外」に違いなかった。たとえば新渡戸、柳田、小田内らとともに「郷土会」のメンバーだった農政学者の那須皓《しろし》は、一九一四年の例会で郊外とほぼ同じ意味の「郊村」の一例として代々木村の変化について報告している。

市の止まざる膨張は、夙《つと》に隣村を征服して次に代々木に臨み、明治三十四五年の頃、市街電車の開通と共に字山谷《さんや》が屋敷町となり、三十七八年には、博覧会開設の噂が始まつて地価が昂《あが》り、各地の電車は逐次に此《この》形勢を煽つた。四十年四十一年には字外輪《そとわ》が練兵場になつた。もと其《その》地に居た人は、多く他の字に移住し、同じ頃から市の人も入込むやうになつた。

（「代々木村の今昔」）

玉川電気鉄道の渋谷駅付近。1907年（明治40）頃
（所蔵　白根記念渋谷区郷土博物館・文学館）

「代々木の原」の近世近代

「一九四〇東京五輪」で一旦はメイン会場に予定された神宮外苑のあたりは、近世まで「代々木の原」と呼ばれていた。ここは江戸の市街地と郊外の境界に位置し、近代における発展、開発に至るまでは、ゆるやかな歴史を刻んできたのだ。

現在の渋谷区のほぼ中央、原宿から代々木公園・明治神宮あたりを「代々木」と呼ぶようになったのには二つの由来がある。ひとつはこの付近に「サイカチ」の木が多く、住民が代々それを植え継いできたからというもの。もうひとつは、江戸時代に井伊家下屋敷の庭にあった「モミ」の老木にちなむという説である。サイカチは果実を薬用にするマメ科の落葉喬木、モミは日本固有の常緑針葉高木である。

モミの老木の方は、江戸中期の紀行文『遊歴雑記』にも出てきて、下枝がよく茂り、木の向こうに馬を三頭並べても、一頭目の頭から三頭目の尾までが隠れてしまうほどの巨木だったといわれる。また幕末にペリーが来航したとき、井伊家ではこの大木に家臣を登らせて、桜田門外の上屋敷にようすを報告させたともいう。

歴史は遡り、豊臣秀吉は天下を統一すると、徳川家康に北条氏の旧領地を与えた。一五九〇年（天正一八）、徳川氏が江戸に入ると、江戸城の防衛のため甲州街道と大山街道が通る台地上（現在の渋谷区の東側）に、大名の下屋敷や旗本家臣団の屋敷が置かれた。そのおもなものには、彦根藩井伊家（日赤医療センター。以下括弧内は現在地にある施設）、岸和田藩岡部家（岸記念体育会館）、伊予西藩松平家（青山学院大学）、紀州徳川家（東京都体育館）、旗本の林家（オリンピック記念青少年総合研修センター）、信州高島藩諏訪家（代々木公園の北側のＡ地区）、下総《しもうさ》結城藩水野家（ＮＨＫと代々木公園の南側のＢ地区）などがある。一方、低地の区域（現在の渋谷区の西側）は、古くから農地になっていた。

明治維新の際、代々木の原の大半を占めていた武家屋敷は新政府に没収され、一八七三年（明治六）に再び払い下げられた。しかしその時点では井伊家の下屋敷を除き、ほとんどが桑畑や茶畑に転じていたという。井伊家下屋敷も一八七四年に再び政府に買い上げられ、皇室が所有する南豊島《みなみとしま》御料地となった。

一九〇九年七月、陸軍省はこのあたりの買収を進め、陸軍練兵場と衛戍《えいじゅ》監獄（陸軍刑務所）を設置した。この、代々木の練兵場はのちに述べる、日本博覧会を開催するために閉鎖された青山練兵場の代替地で、麻布、赤坂の歩兵連隊の演習場として使われた。この陸軍省用地の範囲は現在の代々木公園よりも広く、南側はＮＨＫ放送センターから、渋谷区役所、渋谷公会堂周辺一帯にまでおよんでいた。

この少し以前の渋谷が武蔵野の面影をとどめていたことは、一八九六年に渋谷村に居を構えた国木田独歩《くにきだどっぽ》の文章からうかがうことができる。LINE CUBE SHIBUYA（旧・渋谷公会堂）とＮＨＫ放送センターの間の坂道を下っていったところに「国木田独歩住居跡の碑」がある。独歩の代表作『武蔵野』は、ここを拠点に書かれたものなのだ。

独歩が渋谷に転居した年の一一月、田山花袋《かたい》が訪ねてきている。渋谷停車場を降りた花袋は、百軒店《ひやっけんだな》あたりに下宿していた宮崎湖処子《こしょし》を訪ねたが留守だったため、独歩の家に立ち寄ることにしたらしい。

> 渋谷の通を野に出ると、駒場に通ずる大きな路が楢林について曲っていて、向うに野川のうねうねと田圃の中を流れているのが見え、その此方《こちら》の下流には、水車がかかって頻《しき》りに動いているのが見えた。地平線は鮮やかに晴れて、武蔵野に特有な林を持った低い丘がそれからそれへと続いて眺められた。私たちは水車の傍の土橋を渡って、茶畑や大根畑に添って歩いた。
>
> （『東京の三十年』）

渋谷はこの時代には、まだ武蔵野の一部だったのである。

代々木の原に陸軍練兵場が設けられたとき、移転を余儀なくされた住民が、住んでいた土地との別れを惜しんで奉納した「訣別の碑」が、代々木八幡神社（渋谷区代々木。現在の代々木公園の西側）と、公園の南にある北谷稲荷神社（渋谷区神南。代々木公園の南側）の境内に建っている。代々木八幡の方では灯篭の竿石部分に、「大字代々木深町ハ明治四十年十一月十一日陸軍練兵場ニ指定セラレタリ、常ニ一家ノ如クナル温情深キ住民ハ区々ニ移転スルノ際」（拝殿左側）、「各々其ノ別ルルヲ惜ミ又字ノ消サラン事ヲ想ヒ、茲ニ燈ヲ納メテ之ヲ紀念トス　明治四十二年一月建設　良曠拝書」（拝殿右側）とあり、奉納者の一七名の名前が刻まれている。

「春の小川」にうたわれた郊外

代々木に練兵場が移転する直前まで、このあたりにはまだ農村地帯の名残があった。

一九〇八年（明治四一）に代々木山谷《さんや》（現在の渋谷区代々木三丁目付近）に移ってきた国文学者の高野辰之は、娘とよく代々木の原を散歩したという。そのとき、現在の小田急線沿いの低地を流れていた、河骨川《こうほね》の清流とその周辺の風景をうたったのが唱歌「春の小川」だといわれている。

春の小川はさらさら流る。
岸のすみれやれんげの花に、
匂いめでたく色うつくしく
咲けよ咲けよとささやく如く。

「春の小川」は一九一二年（大正元）、『尋常小学唱歌（四）』に初めて掲載された。高野はほかに、「春が来た」「ふるさと」「おぼろ月」など、今日も歌い継がれる唱歌をいくつも作詞している。

高野が住み始めたころの代々木山谷付近は、東側の台地上では宅地化が進み、付近から水田の姿が消えつつあった。関東大震災以降は農業用水に利用されていた細流も消滅していき、都市化にともなう道路整備や土地区画整理などで、川の形状が変わることもあった。しかし、河骨川上流付近の水田は昭和になっても失われず、「春の小川」の面影が長いあいだ残っていたという。

代々木にできた人工森林

一八八九年（明治二二）、代々木の近くに甲武鉄道（現在の中央線）が開通し、これと相前後して青山練兵場が設置された。政府は一九〇七年、「日本大博覧会」を一〇年後の一九一七年（大正六）に開催することを決定し、その第一会場に南豊島御料地、第二会場として青山練兵場が予定された。しかし、博覧会は中止となり、第一会場に予定されていた南豊島御料地には一九一四年に明治神宮が造営されることとなった。

明治天皇は京都の伏見桃山陵に葬られたが、東京に神宮を建設したいという請願に応えたとされる大造営事業で、一五年に工事が開始され、二〇年一一月一日に鎮座大祭がおこなわれた。神宮の森の造成工事に参加した上原敬二によると、造成以前の境内予定地は全くの原野だったという。現在の宝物殿一帯は沼沢《しょうたく》地でアシが生い茂り、既存樹はモミ、コナラ、クヌギ、アカマツなどが点在していたにすぎなかった。こうしたなかで現在のような森を予測し、一〇万本におよぶ樹木の植栽がなされたのである。

海抜三五メートルというほぼ平坦なこの土地は、文政、嘉永のころの江戸絵図によると青山下野守《しもつけのかみ》の下屋敷のほか、御家人甲賀組、御手洗《みたらい》組、百人組などの組屋敷地で、町々には多くの辻番所が設けられ、寺院、町屋、農家が散在していたようである。

大正時代頃の河骨川周辺の風景（所蔵　白根記念渋谷区郷土博物館・文学館）

「メモリアルセンター」としての神宮外苑

一九一五年（大正四）に敷地が決定されると、外苑の造園計画が具体的に検討されるようになっていった。

内務省内に明治神宮造営局と財団法人明治神宮奉賛会が設立され、これらの機関をもとに外苑設計委員会が構成された。設計委員会の委員は、工学博士の古市公威《ふるいちこうい》、日下部辨二郎《くさかべべんじろう》、近藤虎五郎、塚本靖、関野貞《ただし》、伊東忠太、佐野利器《としかた》、林学博士の川瀬善太郎、本多静六、農学博士の原熙《ひろし》の一〇名である。

外苑造園計画の基本方針は、「神苑と林泉を調和させた造園」という内苑に対し、「明快にして、快適な散策園ないしは記念園」というものだった。この基本方針のなか、設計委員会で討議の焦点となったのは、記念建造物に関して「何をもって〝明治記念〟とするか」ということだった。討議の結果、庭園とともに、「メモリアルセンター」ともいえる建築物の建設をもって記念しようということになり、聖徳記念絵画館、葬場殿址記念物、憲法記念館、陸上競技場が計画された。

一九一七年一〇月には、基本方針を受けた外苑造成の設計施工が明治神宮造営局に委嘱され、造園家の折下吉延《おりしもよしのぶ》が指導的役割を務め、本郷高徳《たかのり》が補佐することになった。

このような経緯から提案された陸上競技場は、オリンピック開催の動き、さらには体育協会会長嘉納治五郎らの後押しもあって建設気運が盛り上がり、具体化していった。

競技場は外苑敷地の西北隅に、約三万三〇〇〇平方メートルの規模で構想され、北東南の三方スタンドについては自然地形を利用した芝生法面《のりめん》を想定、西側のメインスタンドだけが約一万人収容の鉄筋コンクリート造りとなった。収容人員は全体で四万五〇〇〇人に及び、一九一九年一二月に工事が始まり、二四年一〇月二五日に秩父宮《ちちぶのみや》殿下を迎えて竣工式がおこなわれた。

陸上競技大会のメッカ

柴田は彼女を小腋に抱くようにして、スタンドの階段を昇る。彼女は大斜面からの無数の視線を顔面に感じて火のようにあかくなる。競技開始を待ちわびた群集はあらゆるものにはげしい好奇心を集注するのだ。彼女はいく度も階段によろめく。柴田がやわらかにその肉体を支えながらささやく。

「――席を隅の方に取つて置いたのですから。」

赤いオオバアを着た娘を中心にした数人のドイツ人の後に、彼等が坐つた刹那「君が代」が響いた。皇族たちの入場。起立した人々は互《たがい》の肩と肩を割って貴賓席に視線を注ぐ。
――やがてそれに倦きると、空虚な巨大な楕円形のフィイルドと、トラックの白い線を無目的に凝視する。

右の引用は一九二九年（昭和四）に神宮外苑陸上競技場で開催された「日独対抗陸上競技大会」を題材に、阿部知二《ともじ》が著した小説『日独対抗競技』（一九三〇年）の一節である。

外苑陸上競技場では、竣工式から数日後の一九二四年（大正一三）一〇月三〇日から一一月三日にかけて、内務省主催による第一回明治神宮競技大会がおこなわれた。この競技大会は一九二六年の第三回以降は明治神宮体育会が主催となり、名称を「明治神宮体育大会」に変更、一九二七年の第四回大会から三九年の第一〇回大会まで隔年で開催された。また、一九三〇年の五月には第九回極東選手権大会のメインスタジアムとして用いられた。総勢一八〇〇人の選手が参加した大会は成功を収め、延べ五〇万人の観衆を動員している。

「一九四〇東京五輪」のメイン会場としても、この競技場ほどふさわしい場所はなかった。しかし、すでに述べたように、会場決定のプロセスでその座を駒沢に譲ることになる。しかもこの五輪自体が開催されることはなかった。それでもこの場所は五輪の開催地として、その後にまたなんども浮上するのだった。

3 紀元二六〇〇年の五輪と万博

近代日本が挑んだオリンピック

一九〇九年（明治四二）五月、講道館の創始者で、東京高等師範学校（現在の筑波大学）の校長を務めた嘉納治五郎が、アジアで初めてのIOC委員に就任した。嘉納は一一年七月一〇日に、第五回ストックホルム大会への日本の参加をめざし、大日本体育協会（現在の日本体育協会）を設立したのである。

日本が初めてオリンピックに参加した第五回ストックホルム夏季大会は、一九一二年五月五日から七月二七日まで開催された。この大会の開会式で日本選手団は、「NIPPON」という表記のプラカード表記で入場した。「NIPPON」という表記を決めたのは日本選手団団長の嘉納治五郎で、これはオリンピック史上一度きりのことで以降のオリンピックでは「ＪＡＰＡＮ」と記すようになる。

競技には陸上短距離走の三島弥彦《やひこ》とマラソンの金栗四三《かなぐりしそう》が出場し、三島は一〇〇メートル、二〇〇メートルともに予選最下位、四〇〇メートルでは予選を通過したものの準決勝を棄権した。金栗は三二キロ過ぎに日射病で倒れ、近くの農家で介抱されていたが行方不明とみなされたのである。大会から六〇年以上経った一九六七年（昭和四二）三月、金栗はスウェーデンのオリンピック委員会から、ストックホルムオリンピック開催五五周年を記念する式典に招待されて、用意されたゴールテープを切った。二〇一九年（平成三一・令和元）に放映されたＮＨＫの大河ドラマ『いだてん〜東京オリムピック噺〜』の第一部は金栗を主人公にしていた。なお大会閉会式の三日後に、日本では明治天皇が崩御し、皇太子嘉仁《よしひと》親王が践祚《せんそ》して「大正」に改元された。

第六回大会は一九一六年（大正五）にドイツのベルリンで開催される予定だったが、直前に第一次世界大戦が始まり、開催中止となった。ＩＯＣは一九二〇年の第七回大会の開催地（夏季大会は開催返上、取り止めの場合でも、第一回からの通し回次番号が残るため、公式記録上では「みなし開催」となる）に、戦禍の激しかったベルギーのアントワープをあえて選んだ。

第八回大会は一九二四年に、一九〇〇年以来二度目の開催地となるパリでおこなわれた。二八年の第九回アムステルダム大会では、陸上競技・三段跳びで織田幹雄が日本人で史上初の金メダリストとなり、この大会から初めて認められた女性の陸上競技で人見絹枝が八〇〇メートル走の銀メダルを獲得している。

一九三二年の第一〇回ロサンゼルス大会で日本は、満州事変の勃発など国際世論の批判にさらされるなか一九二人の大選手団を派遣し、競泳・男子六種目中、五種目で金メダルを獲得したほか、陸上競技・三段跳びで南部忠平が優勝した。馬術・大賞典《だいしょうてん》障害飛越《ひえつ》個人ではウラヌス号に騎乗した西竹一《たけいち》が優勝し、「バロン西」と呼ばれて在米日本人・日系人の人気を集めた。

博覧会への参加と計画

日本人で万博を最初に体験したのは、一八六二年（文久二）の遣欧使節団だった。「ロンドン万博」を見て彼らは大きな衝撃を受けるのだが、そこには日本の工芸品も出品されていたのである。初代駐日英国公使ラザフォード・オールコックは日本文化に対する関心が高く、徳川幕府に自身が収集した日本の美術品の出品を申し入れ、陳列されていたのだ。

一八六七年（慶応三）の「パリ万博」で、日本は初めて公式出品を果たした。フランスの駐日公使レオン・ロッシュは、幕府に参加を勧め、出品するだけではなく幕府の代表をパリに派遣することを提案した。第一五代将軍徳川慶喜はこれに応じて、弟の昭武を名代として派遣する。使節団には渋沢篤《とく》太夫《だゆう》（後の栄一）も随行していた。

維新後の一八七一年（明治四）にも、ロンドンやサンフランシスコで博覧会が催されたが、明治政府は国情の安定を優先し、民間に布告して出品者を募るだけにとどめて、正式参加を見合わせた。

日本の政府が初めて正式に万博に参加したのは、七三年の「ウィーン万博」だった。佐賀藩がパリ万博に出品した際の事務官長だった佐野常民《つねたみ》は、七二年に設置された博覧会事務局の副総裁に任命され、翌年ウィーンに派遣されたのである。日本は会場に神社と庭園をつくり、産業館に浮世絵や工芸品を展示、名古屋城の金《きん》鯱《しやち》や鎌倉大仏、東京谷中の天王寺五重塔の模型などはジャポニズムを醸し出した。

日本はウィーン万博以降、官民ともに外国で開催された数多くの博覧会に参加することになる。また国内でも五回の「内国勧業博覧会」をはじめ、殖産興業政策の一環として多くの博覧会が催された。なかでも一八七七年八月から一一月に東京の上野公園で開催された「第一回内国勧業博覧会」は、ウィーン万博を参考にして、初代内務卿大久保利通が推し進めたものだった。

会場には美術本館、農業館、機械館、園芸館、動物館を建設、出品物は鉱業及び冶金術、製造物、美術、機械、農業、園芸に分類され、優秀作には賞牌・褒状などが授与された。「勧業」の二文字を冠しているように、産業奨励会としての性格を打ち出したこの博覧会は四五万人以上の入場者を集め、日本の産業振興に大きな影響を与えるとともに、以後に開催された博覧会の原型となる。

一八八五年には西郷従道《じゅうどう》農商務卿が皇紀二五五〇年にあたる一八九〇年を期した「亜細亜《アジア》大博覧会」の開催を建議し、佐野常民も第三回内国勧業博覧会の規模を拡大してアジア地域で博覧会にするよう提言したが、実現には至らなかった。

明治末期の「万博構想」

明治時代の終わりごろにも日本で万博を開催する構想があった。一九一二年（明治四五）四月一日から一〇月三一日まで、青山から代々木一帯を会場として検討された「日本大博覧会」で、「万国博覧会」の名称は用いられていなかったものの、この計画は世界各国から参加出品を求め、実質的な万博として計画されていた。

一九〇七年に日露戦争の戦勝を記念して万博開催を建議したことから計画され、教育・学芸・美術・農業・化学工業・染織工業・製作工業・建築及室内装飾・機械及船舶・経済及衛生・陸海軍、そのほか計二一部門からの出展を予定していた。

開催地については、博覧会調査会が提案する前から、品川沖の埋め立て、月島埋立地、上野周辺、青山、荏原、向島が、新聞などで取り沙汰された。博覧会事務局発足後はさらに、竹橋、丸ノ内三菱ヶ原なども候補地として名前が挙がっていたようである。博覧会事務局は最終的に、練兵場や御料地という広大な官有地がある青山を会場に決定する。

この博覧会構想に対して、アメリカをはじめとするいくつかの国が賛意を示していたものの、西園寺《さいおんじ》内閣に替わって発足した桂内閣は、日露戦役後の不景気を背景とした財政困難を理由に、一九〇八年に開催延期を決定する。五年間の順延とされ、陳列館の設計競技などもおこなわれたが、開催を予定していた一二年に無期延期の判断が下され、事実上の中止となった。

昭和の万博計画

明治末期の「日本大博覧会」計画以降、日本ではしばらくのあいだ、万博開催が本格的に検討されない時期が続いた。しかし、一九二九年（昭和四）に万博開催の建議が民間から起こり、東京府および神奈川県知事、東京・横浜市長、商工会議所などの賛同を得るなど、再び機運が高まっていった。

一九三四年に「日本万国博覧会協会」が設立され、「日本万国博覧会」の準備が進められる過程で、一九四〇年に紀元二六〇〇年奉祝行事として開催することが決定したのである。この「紀元」とは、初代天皇神武の即位年とされる紀元前六六〇年を「元年」として数える、いわゆる「皇紀」である。

しかし、一九四〇年に開催するには、一九三九年にニューヨークでの万博が決まっていたため、国際博覧会条約の「万国博覧会は開催されてから二年を経過しないと次には開催できない」という規約に抵触していた。そこでテーマや規模が限定される代わりに、年限規定が緩やかな「特殊博覧会」としての開催が提案された。一九三八年三月、委任統治領などを含めた七〇か国に招請状が提出されるとともに、在外公館を通じた誘致の働きかけが始まり、欧州、北米、中南米、アジア大洋州の各方面に招請のための使節団が派遣された。

こうして、日本で最初の「万博」は一九四〇年に東京オリンピックと合わせて開催することとなり、会場は月島（現在の晴海《はるみ》・豊洲地区）と横浜（山下公園）に決定した。万国博覧会協会会長には王子製紙社長の藤原銀次郎が就任、予定経費四四五〇万円のうち三六五〇万円を入場前売り券と寄付金で賄う計画が承認された。

「一九四〇万博」のメイン会場は、当時月島の沖合にできた埋立地の四号地と五号地に、六号地（東雲《しののめ》）の一部と台場公園が加わり、横浜の山下公園は第二会場という位置づけだった。

月島会場は肇国《ちょうこく》記念館（建国記念館）を正面に、生活館・社会館・文芸館など「精神文化に関わる荘厳な日本建築」で構成し、豊洲は農林・化学工業・機械・電気などの産業館や外国館、噴水塔など「自由な近代的建築様式」を採用する構想だった。

肇国記念館の設計は日本建築学会でコンペがおこなわれ、一等案は高梨勝重によるものだった。また横浜会場には海洋館・水族館・水産館など「水」に関連する施設の建設を予定していた。博覧会協会では、一七〇日間の入場者総数を四五〇〇万人と想定し、省線（現ＪＲ）や、建設中だった地下鉄銀座線の伸長も提案された。

吉本隆明の記憶

東京月島の船大工の子として一九二四年（大正一三）に生まれた詩人・評論家の吉本隆明は、万博の予定地となった晴海のあたりで遊んだ記憶を生き生きと描いている。

> 天気がいい日で途中で降りこめられる心配がないのが条件だったが、何とはなしに今日は遠出で遊ぼうという談合がまとまると、月島の四号地（四号埋立地、つまり現在の晴海を子ども仲間ではそう呼んだ）へ繰り出した。

> その頃（昭和九年前後）の四号地は、水際にまだ埋立ての砂地が盛ったままの姿でのこり、そのほかは夏になるとよしの背の高いやぶと、雑草のひろい原っぱだった。よしきりがよしやぶのなかに消えたり、囀りながらひくく眼のまえをかすめていった。初夏のころにはひばりが空の高みで囀りながら、ひとところにとまってでもいるような、点々にみえた。
>
> （『背景の記憶』）

吉本によると隅田川の三角州を「元佃島《つくだじま》」と呼び、その外側にできた埋立地が「新佃島」で、まだ一〇歳を過ぎたばかりの少年たちにとっては、湾岸の埋立地でも四号地までが、子どもが進出できる世界だった。

> わたしたちの子どものころには、月島三丁目までが大人たちの街としてできあがっていた。そして四号埋立地（現在の晴海地区）だけが、橋を距てた子どもの占有できる世界だった。じつをいえば四号埋立地のさらに向うに五号埋立地、六号埋立地（現在の豊洲地区）が形をあらわしつつあり、そこへ行けないわけではなかった。だがそこはまだ子どもの占有できない、さびれたよしやぶも草原もない、荒涼とした盛り砂の地で、子ども心にまだ他界のように寂しく、人気もない、恐れをさそう地で、兄たちが同伴しないと足を踏みいれ

ないところだった。

（同前）

月島から晴海、豊洲、そして東雲にかけての埋立地は、日本の近世・近代、そして現在に至る東京の発展・拡充の歴史を映し出す場所だった。湾岸エリアでは開発の起爆剤として、博覧会がまた計画されてきたことをこれから先に語っていくことになるだろう。

勝鬨橋の建設

銀座から万博会場の正面ゲートにいたる隅田川の上には「勝鬨橋《かちどきばし》」が計画された。月島と築地を結ぶ水上には、明治時代からいくども橋梁を架設する計画があった。

一八八二年（明治一五）の荒川の大洪水の後、明治初期からの課題だった東京湾の築港事業が始まり、土砂処理のため月島の埋立地ができた（四号地は九四年に完成）。ここから築地方面への往来は渡し船により、一八九二年頃には「月島の渡し」、一九〇五年には「勝鬨の渡し」が設けられた。なお「勝鬨」という地名は日露戦争の勝利を祝ってつけられたものである。

月島地区は工業地帯として発展し、人口も数万人に増加、築地方面へわたる人は、一日に歩行者が約三万人、自転車による人が約一万人だった。強風や台風の際に渡しは使えず、対岸で働く人は仕事を休まなければならなかった。そこで、月島の交通不便の解消と晴海などの埋立地の開発支援のため、一九一五年（大正四）に一回目の架橋計画が持ち上がったが実現しなかった。二回目も予算の問題で実現せず、三回目の関東大震災後の計画も見送られ、一九三〇年（昭和五）にようやく架橋が決まった。その後、五輪と万博の開催が相次いで決まり、勝鬨橋は両会場への玄関交通路としての役割を期待されることとなる。

　晴海地区では一九三四年に、湾岸地区の開発を促進する目的などから東京市庁舎の移転計画が浮上したことがあった。この建築設計競技の審査委員長は築地本願寺本堂（一九三一年起工、一九三四年竣工）を設計した伊東忠太で、一七一点の応募があり、当選図案四点、選外佳作一席二点、同二席五点が決定した。コンペの一等賞金は一万円（現在の一八〇〇万円程度）で宮地二郎が獲得、二等賞七〇〇〇円を獲得した吉川清作は、前衛芸術家の村山知義とともに映画館「葵館」を設計したアヴァンギャルドな建築家だった。「日本の建築が所謂『様式建築』の域を脱せざる中は真の日本建築を確立する事は絶対に不可能である」などと提案書に記した前川國男のプランは三等賞だった。また選外佳作二席に入選した矢部金太郎は、四〇年東京オリンピックの施設設計担当に推挙される。

　しかし、この市庁舎移転計画は有楽町に置くべきだという意見が優勢となり、牛塚虎太郎東

建設中の勝鬨橋（所蔵 東京都建設局）

京市長は計画の撤回に追い込まれる。

4　開催返上へ

内外からの反対意見

一九三七年（昭和一二）三月、政友会の河野一郎が衆議院予算総会で一触即発の国際情勢を勘案して、開催に向けた準備が進むオリンピックに対する疑問を呈した。その四か月後に盧溝橋事件が起こり、またたくまに戦闘区域が拡大して「支那事変」（日中戦争）が勃発すると、軍からの選手の選出に陸軍が抵抗を示すようになった。

日中戦争の長期化が予測されるようになると、軍部は鉄鋼を中心とした戦略資材の逼迫《ひっぱく》を理由に、競技施設は「木材か石材を使え」といった注文をつけるようになった。さらに議会でも、杉山元陸軍大臣がオリンピック反対の態度を鮮明にし、河野が再び開催中止を求める質問をおこなうなど、開催に否定的な空気が急速に広まっていった。

中国大陸での利権をめぐって日本と対立していたイギリスだけではなく、ＩＯＣカイロ総会の前になると、大会開催権を争っていたフィンランドからも、ヘルシンキでの代替開催を求める声が上がった。また日中戦争の当事国である中華民国は、開催都市の変更を要望し、アメリカのＩＯＣ委員が東京大会のボイコットを示唆して委員を辞任する事態となった。さらに東京開催の後ろ盾だったＩＯＣ会長ド・バイエ＝トゥール伯爵も、日本に対して開催辞退を持ちかけるようになった。

軍部の圧力を受けた近衛《このえ》文麿《ふみまろ》首相は、一九三八年六月二三日におこなわれた閣議で、戦争遂行以外の資材の使用を制限するという需要計画を決定する。この計画に、「オリンピック中止」が明記されていたことから、開催中止が事実上内定した。こうして日本政府は同年七月一五日の閣議で開催権の返上を正式に決定したのである。

大会返上を内外に発表した組織委員会はその後、残務処理に移り、同年一一月一八日に開催した第二九回組織委員会議を最後に解散した。なお東京開催実現に尽力した嘉納治五郎は同年三月のカイロ総会からの帰途に病死していた。

オリンピックの中止が決定したものの、竣工寸前だった芝浦埋立地の自転車競技場と、埼玉県戸田のボートコース（戸田漕艇《そうてい》場）はその後も工事が継続されて三九年までに完成し民間で利用された。

万博もオリンピックと同じ七月一五日に、開催の「延期」が閣議決定された。晴海には事務局棟が完成していたが、万博の中心建築だった「肇国記念館」は基礎工事がおこなわれただけだった。

このときに中止や延期になったのは、じつは東京五輪と東京万博だけではなかった。当時は、冬季五輪も夏季五輪の開催国に優先権があったため、一九三七年のＩＯＣ総会で冬季五輪の札幌開催が決まっていたのである。しかもその時期は四〇年二月と夏季五輪より先の予定だったためこちらも中止のやむなきに至ったのである。

会場予定地のその後

「一九四〇東京五輪」のメイン会場予定地となった駒沢ゴルフ場は、開催返上となったためゴルフ場として存続したものの、一九四三年（昭和一八）に東京都が防空緑地として買収。太平洋戦争中は、軍需省の資材置き場や馬の繋ぎ場や農地などに使われていたようである。

一方、改修のうえオリンピックのメイン会場に決定していた明治神宮外苑競技場では、一九四三年一〇月二一日、文部省学校報国団本部の主催による「出陣学徒壮行会」がおこなわれ、東條英機首相、岡部長景《ながかげ》文相らの出席のもと、強い雨の中、二万五〇〇〇人の出陣学徒が競技場内を行進した。四四年には、競技場を含む外苑全体が軍の施設となり、四五年五月二五日の空襲では競技場も爆撃を受け、三日にわたって燃え続けた。

　万博の開催が中止になったものの、勝鬨橋の工事は一九三三年に始まっていて、中止決定後も工事は継続された。建設資材が不足するなか、七年の歳月をかけ、四〇年の六月一四日に竣工。開通式には正装をした親子三代による渡り初《ぞ》めや、開いた橋の下をくぐるくぐり初めがおこなわれた。二葉式の跳開橋になったのは、隅田川を航行する船舶が多く、工業地帯月島への物資を運ぶマストの高い船が、自由に航行可能である必要があったためだという。戦前は一日に平均五回の開閉を繰り返した。

　戦前における五輪と万博計画は、都市を整備し、いくつかの建造物を築きながら、開催断念に追い込まれた。しかし、郊外の開発と結びついた巨大イベントは、国威の発揚と相まって近代国家の宿命ともいえるものだった。そして戦後の日本もまた、五輪と万博の夢を追い続けていくことになる。

国立代々木競技場第一体育館の建設風景
（提供 独立行政法人日本スポーツ振興センター／協力 清水建設株式会社）

II 一九六四東京五輪

1　戦後日本と東京の再生

東京の戦災復興

太平洋戦争中の一九四三年（昭和一八）七月一日に、東京市と東京府は廃止されて東京都が設置されていた。その東京は四五年三月一〇日、大空襲により下町を中心に甚大な被害を受けるなど、度重なる空襲で市街地は焦土と化した。そして八月一五日の終戦によって、旧日本軍の基地や施設は連合国軍に接収されていったのである。

戦後の日本政府は首都東京の復興を優先させる。戦災復興計画は、近代都市計画の黎明期に都市づくりに取り組んだ石川栄耀《ひであき》が策定した。石川は、焼失区域を上回る二万ヘクタール規模で土地区画整理事業を実施し、さらに区部面積の三四パーセントをグリーンベルトにしようとした。しかし、このプランは目標人口と現実との乖離などから大幅な縮小を余儀なくされる。

東京都では一九四七年四月に公選による東京都長官輩出選挙で安井誠一郎東京都長官（同年五月三日の地方自治法の施行により東京都長官は東京都知事に移行）が当選していたが、安井は復興計画の具体化にあまり積極的ではなかった。

戦災復興院は東京都に、国と都の共同体制で復興を推進することを勧めた。しかし安井は、都民の住宅確保が最優先であるとし、都独自の執行にこだわった。東京都の復興事業への財政支出は不十分で、四九年のドッジ・ラインによる政府の緊縮財政の方針がさらに追い討ちをかけた。その結果、東京では戦災復興事業がほかの都市に比べて着手が遅れ、一部の駅前周辺を除いて区画整理は中止となり、広幅員街路や公園緑地化の計画もほとんどが廃止になった。また放射状に延びる幹線道路三四路線や環状線八路線など、都内の道路の整備が計画されたがこれも実現されなかった。その一方で安井知事は、朝鮮戦争中の一九五二年五月に、オリンピック招致の意向を表明したのである。

第二次世界大戦後の一九四八年ロンドン大会に、日本は占領下のため参加することができず、五一年九月にサンフランシスコで講和条約が調印されて以降になり、日本国内でオリンピック大会開催を望む動きが出てきた。東京都は初め、一九六〇年の第一七回大会開催を希望していたが、ＩＯＣ総会でローマに敗れ、六四年の第一八回大会に挑むことになる。そして一九五五年一〇月一〇日、東京都議会は第一八回オリンピック競技大会招致の決議案を満場一致で決議したのだった。

開催決定と東京の事情

　第五四次ＩＯＣ総会は一九五八年（昭和三三）五月一三日、ＮＨＫホールで昭和天皇の開会宣言によって開幕した。この日の午前、安井知事は東《あずま》龍太郎《りょうたろう》日本体育協会会長とともにＩＯＣのアベリー・ブランデージ会長を宿舎に訪ね、六四年の第一八回オリンピック競技大会の東京での開催を要望する正式招請状を手渡す。一九五九年四月、安井知事の任期が満了すると、東龍太郎が公選二代目の都知事に当選。東はＩＯＣ委員、ＪＯＣ（日本オリンピック委員会）委員長、日本体育協会会長でもあり、さらにオリンピック開催立候補都市の首長としても招致運動をおこなうこととなった。

　東は、東京帝国大学医学部時代にはボート選手として活躍し、留学先のロンドン大学では体育生理学を専攻して、帰国後はスポーツ医学の発展に尽くした。東京大学教授を経て一九四六年に厚生省医務局長、四七年に日本体育協会の会長に就任、五〇年のＩＯＣ総会で日本人では戦後初のＩＯＣ委員に選任された。

　五月一八日に東京都議会は、第一八回オリンピック競技大会を東京に招致することを再度決議し、同月二六日、西ドイツ（ドイツ連邦共和国）のミュンヘンで開かれた第五五次ＩＯＣ総会で、第一八回大会開催地を決定する投票がおこなわれた。東京は五六票中の三四票を獲得し、デトロイト、ウィーン、ブリュッセルを引き離して開催都市に決定したのである。

東知事、鈴木副知事

当時、東京でのオリンピック開催に反対を唱えるものも少なからずいた。理由は、復興半ばの状態でオリンピックを開催しても、海外に恥をさらすことにならないか、施設整備費のしわよせが福祉、教育などに出ないかというものだった。推進論者は、敗戦からの復興ぶりを世界に示す絶好の機会であり、日本の国際舞台への復帰を内外に印象づけ、国民の士気を鼓舞するといったことをオリンピック開催の動機に挙げた。つまりこの頃は、日本が復興したか否かで評価が分かれていたのである。

一九五九年（昭和三四）六月、東知事を補佐するために、第二次岸内閣で内閣官房副長官を務めていた鈴木俊一と東京都の総務局長をしていた太田園が、都議会の承認を得て副知事に就任した。東都政の最大の課題は、オリンピックを成功させることであった。

鈴木によると、オリンピック東京開催が決定した直後、川島正次《しょうじ》郎《ろう》自民党副総裁から「東京都の副知事になって、東知事を補佐してほしい」という話がきたという。「東さんはオリンピックのほうでは有名な人だけれども、行政のほうはあまりお得意でない領域だから、君が行って、ひとつ助けてやってくれ」ということだった。さらに、オリンピックの東京開催に熱心だった岸信介首相からも、「オリンピックの成功には君の行政経験が必要だ。副知事として東知事を助けてやってもらえないか」と直接話があった（『時代の証言者7 国づくり』）。

しかし、東京はオリンピックの開催地に決定したものの、競技施設どころか、近代都市としての基礎も整備されていなかった。当時の東京は、区部の下水道普及率が六〇年に二一・三パーセント、区部のゴミ焼却率は五九年度に一二・四パーセントという低さだった。また道路網も、終戦直後とほとんど変わらないままクルマ社会化したため、渋滞が頻繁に発生していた。

昭島生まれの内務官僚

東都政の副知事に就いた鈴木俊一は、一九一〇年（明治四三）一一月六日に、東京府北多摩郡郷地《ごうじ》村（のちの昭和町、現在の昭島市）で鈴木俊雄、艶の長男として生まれた。父俊雄は立川にあった東京府の蚕業取締所の技師をしながら、紅林徳五郎という昭島の豪農がつくった蚕業講習所の監督を務めていた。

東京帝国大学法学部政治学科を卒業した鈴木は、一九三三年（昭和八）に内務省に入り、地方自治法の制定など第二次大戦後の地方自治制度の土台づくりに携わった。地方自治庁次長、自治事務次官を経て、五八年に第二次岸内閣の内閣官房副長官となる。

官房副長官から都の副知事になるのは格下げの扱いで、月給も九万円から八万円に下がるのだが、鈴木は「せっかくの話だから」と受託した。

一九四三年に東京都制をつくるとき鈴木は責任者のひとりだった。

一九四一年五月に戦地から戻った鈴木は、内務省地方局に復帰し、古井喜実《よしみ》地方局長の指揮の下、加藤陽三、小林与三次《よそじ》とともに東京都制の創設に取り組んだ。東京府と東京市を一体化する都制は三八年以来の懸案で、東京市は都長の民選化（議会選挙）を主張したが、都長官を官選とする東京都制が成立し、法制化したのである。

府と市が合体して、二重行政、二重監督という弊害が除かれた東京都が現実にどのように動いているかをよく見たい。また見るだけではなく知事の補佐役として、その運営について非常に重要な責任を持つ地位に立つのだからと鈴木の関心はさらに高まっていった。

仕事は、開催都市として国際的に遜色《そんしょく》ない競技場や選手の宿泊施設を用意したり、道路など社会資本を整備すること。ただし、5年後の本番には何としても間に合わせるという条件付きです。覚悟はしていましたが、事実上、私が一切合切取り仕切ることになりました。

（『時代の証言者7　国づくり』）

内務官僚だった鈴木はこうして、「首都」でありまた「地方」でもある東京の整備に、オリンピックをとおして深く関わっていくことになったのである。

2　選手村とその他の問題

朝霞から代々木へ

現在、代々木公園、国立代々木競技場、国立オリンピック記念青少年総合センター、ＮＨＫ

放送センターなどがある一帯、終戦まで陸軍の代々木練兵場だったところは、終戦後にアメリカ軍の軍用地となり、「ワシントンハイツ」と呼ばれる兵舎や家族用住居が立ち並んでいた。オリンピックの東京誘致が決まったとき、選手村の候補地としてまず考えられたのがこの軍用地だった。

『明治神宮 戦後復興の軌跡』(今泉宜子編)に収められた鼎談「表参道座談会 鎮座地渋谷 これまでもこれからも」で原宿穏田《おんでん》商店会会長の佐藤銀重《ぎんしげ》は、占領中の原宿あたりのようすを次のように回想している。

> なにしろワシントンハイツもできたからね。今の代々木公園は米軍家族の居住地だったんです。キデイランドなんかは、外国人相手のスーベニアショップとしてできたわけ。で、彼らはここから毎朝通勤するんですよ、第一生命のＧＨＱ本部へね。それがすごい車の列でね。我々は一生懸命ね、カタログなんかもらってきてね、あれはキャデラックだ、とかやってましたよ。
>
> (『明治神宮 戦後復興の軌跡』)

同書には、『あかね空』の直木賞作家・山本一力のインタビューも掲載されている。山本は

1955年（昭和30）頃のワシントンハイツ
（所蔵 白根記念渋谷区郷土博物館・文学館）

一九六二年（昭和三七）に高知県から上京した後、渋谷区富ヶ谷の新聞専売所で住み込み配達員をしていたことがある。

新聞を配っていたエリアというのが、大山町と西原全体、それからワシントンハイツ。専売所からちょっと歩いていったらフェンスがあって、今の代々木公園から岸体育館の辺りまでが丸ごとハイツだった。渋谷のど真ん中にアメリカがあったんだから。もう完全な街でね、教会も映画館もあった。日本人はあまり車なんて持ってなかった時に、この中を走っていたのはパステルカラーのアメ車だったんだよ。親しくなったロバートさん一家に招かれて家に入ったら、とにかくテレビがでかい。あれには圧倒された。

（同前）

ワシントンハイツは緑の樹木に囲まれた広大な土地で、多数の洋風住宅は選手の宿舎としてふさわしいと考えられた。また地理的に、競技会場や練習会場への移動も便利だった。日本側の思い込みと異なり、アメリカが突然ワシントンハイツの返還に応じた理由に、前年に盛り上がった日米安保闘争が要因になっているともいわれる。東京の中心にあり、占領の象徴とも見られるワシントンハイツを返還することで、新安保条約の強硬な締結による反米感情の高まりを抑えようとしたのではないかというのである。しかし、ワシントンハイツの返還は実現できないという見通しから、組織委員会は埼玉県朝霞にある在日アメリカ軍宿舎「キャンプドレイク」の南側地帯を、選手村本村の建設予定地に変更せざるをえなくなったのだった。

キャンプドレイク

オリンピックの選手村に決定した朝霞のキャンプドレイクは、「一九四〇東京五輪」の開催予定地だった駒沢と浅からぬ縁がある。

一九三二年（昭和七）五月一日、借地料が高くなった駒沢ゴルフ場の代替地を、東京近郊で探していた東京ゴルフ倶楽部は、埼玉県北足立郡膝折村（現在の埼玉県朝霞市）に移転先を見つけ、「膝折ゴルフ場」を開場した。

イギリスの著名なゴルフコース設計者チャールズ・ヒュー・アリソンが設計した場内には、チェコ出身の建築家アントニン・レーモンドによる白亜のクラブハウスが建設された。室内にはサロン室、婦人室などを完備し、そばには二五メートルプールがあるなど、当時としてはたいへん豪華な施設だったという。

レーモンドは、帝国ホテルを設計したフランク・ロイド・ライトを手助けするため来日し、ホテルの完成後も日本で設計を続けて、事務所を開設する。彼の事務所は、前川國男や吉村順三など優れた日本人建築家を輩出した。レーモンド自身も東京ゴルフ倶楽部のメンバーで、数多くのクラブハウスを手掛けている。

ゴルフ場近くの膝折上の原では、一九三三年に東上鉄道（東武東上線の前身）社長だった根津嘉《か》一郎《いちろう》が五万坪（約一六万平方メートル）の土地を購入し、公園計画が立案されたことがある。園内には梵鐘が置かれ、大仏の鋳造も計画されたが、戦争が始まると、陸軍予科士官学校や近くにある大和田通信所の目標になるという理由から、大仏の鋳型は破壊され、梵鐘も供出されて計画は頓挫した。

日中戦争の拡大にともない、士官学校への入学者が激増して、市ヶ谷校地だけでは対応しきれなくなる。陸軍士官学校（本科）と陸軍予科士官学校（予科）は一八七四年（明治七）から市ヶ谷台（市谷本村町周辺）に置かれていたが、拡充のため本科は一九三七年に神奈川県座間町へ移転、予科も三九年四月に朝霞に移転する計画が立てられた。そして、四一年に膝折ゴルフ場が陸軍に買収され、同年一〇月に陸軍予科士官学校が移転してきたのである。

東京ゴルフ倶楽部のコースのほうは狭山に移転し、「秩父カントリークラブ」と合併、六三年には創立五〇周年記念事業のひとつとして、再びレーモンドの設計によるクラブハウスを完成させている。

朝霞に選手村を設けた場合、都内の競技場施設とを結ぶ道路をつくらなくてはならなかった。またそれ以上に、アメリカ軍から朝霞基地を返還してもらう必要があった。用地の返還について日本政府と在日アメリカ軍当局のあいだで交渉が重ねられたが、一九六一年（昭和三六）五月一一日のオリンピック組織委員会会議で、アメリカ軍側からの回答が報告された。その内容は次のとおりである。

朝露地区については、オリンピック大会の期間中は一時その使用を認めるが、大会が終わってから六〇日以内にアメリカ軍が受納し得る状態に復旧すること。また、緊急の場合は使用の打ち切りもあること。ワシントンハイツは、府中および大和《やまと》の空軍基地に隣接した土地、あるいは調布市の水耕農園に、ワシントンハイツと同等の住宅を全経費日本側の負担において建設するなら同地域全体を返還するというものだった。

この回答は、大会の準備運営に重大な影響をおよぼすため、組織委員会では緊急対策委員会を設けて審議し、その結果、同年一〇月二三日の第二五回会議で、選手村をワシントンハイツに変更することを決議した。また選手村には恒久建築物の新設を避け、既存の施設を活用することとした。

しかしこの時点での計画変更は、「朝霞選手村」を前提にすべての準備を進めてきた東京都の五輪担当者たちにとって、まさに青天の霹靂だった。これでは埼玉からの交通手段として突貫工事をしてきた環状七号線などが「不急の道路」となり、それまでの努力がむだになってしまう。「代々木選手村」を推す国に対して、鈴木をはじめ担当者たちは「絶対にのめない」と反旗を翻し、話し合いは平行線が続いた。しかし同年一〇月、五輪終了後に選手村跡地を都の公園にすることを国が確約したため、東京都として承諾することにした。

> いまにして思えば、朝霞は国立競技場から20キロメートルも離れており、代々木のほうが使い勝手がいいのは明らかでした。それなのに、日本側は当初から、ワシントンハイツの返還は無理だと踏んで、勝手に青写真を描き、そのつけが大詰めで噴き出した格好です。詰めが甘かったのは否定できません。選手村一つとっても、日本側の自由にはならなかったわけです。
>
> 占領時代はとっくに終わっていたのに、オリンピックでもアメリカに振り回されたと言えるのではないかと思います。
>
> (『時代の証言者7 国づくり』)

米軍は代替住宅の建設を条件に返還に応じたため、ワシントンハイツに住んでいた米軍将校とその家族には調布市にある水耕農園に施設を造って、そこへ移ってもらうことになった。こうして移転してきた調布の米軍施設や住宅群は「関東村」と呼ばれた。しかし、この選手村の変更によって、都も道路などの建設計画を大幅に変更しなければならなくなる。

ＮＨＫ放送センター問題

一九六二年（昭和三七）八月、ＮＨＫが海外へのオリンピック放送を理由に代々木の森林公園予定地の一部を放送センター用地として使いたいと要望し、政府もこれを了承した。オリンピック担当大臣を務める佐藤栄作も強い意向を示したが、ＮＨＫの用地使用は、代々木選手村の規模の大きさに影響を与える重要な問題だった。

ＮＨＫが用地を希望した場所には、選手宿舎や従業員宿舎にあてる施設が建ち、放送センターが建てられると、十分な広さが確保されていない練習場がさらに狭くなる恐れもあった。しかし、オリンピック放送の重要性から見て、放送センターの敷地として理想的な場所であり、またこれを割譲することで選手村の運営が不可能になるとはいえず、またＮＨＫが、撤去する建物の代替物を建設するという条件が提案された。

用地を苦労して手に入れた東京都としては、思わぬ横やりだっただけに、東知事は困惑し、副知事である鈴木も違和感を覚えざるをえなかった。都議会も、「政府による自治の破壊だ」「官房長官を呼んで説明させろ」と反対したが、国の方針は変わらず、ＮＨＫに渡す八ヘクタール余りの用地に見合った国有地を政府が手当てすることとなる。

政府は東京出身の有力政治家に仲裁を求めるなどさまざまな手段で働きかけ、翌六三年三月に北区赤羽の旧陸軍被服廠《ひふくしょう》跡などの国有地を都に無償貸与する条件で、譲渡を認めることになる。こうして放送センター用地割譲が決定し、オリンピック大会前に八・二五万平方メートル、大会後に二・三一万平方メートルがＮＨＫに割譲された。最終的に、代々木選手村の規模は約六六万平方メートルの敷地面積に決定した。

選手村として利用されたワシントンハイツのうち宿舎などの撤去跡は、数多くの候補地の中から屋内水泳場建設地に選ばれた。代々木の原のなかでも地形的にふさわしく、また鉄道駅に近いうえ、幹線道路とその補助道路によって取り囲まれて交通の便が非常によかったからだとされる。

なお現在、ＮＨＫ放送センターの住所として知られる渋谷区の「神南《じんなん》」は、一九二八年に付近の字（前耕地、豊沢、宇田川、深町の一部）を集め、明治神宮の南にあることから、「神南町」という大字になり、当時は「かんなみ」と読まれた。その後、一九六三年から七〇年に神山町や神宮前六丁目を分離し、残った部分を「神南」とし「じんなん」と読むようになった。これは、「かん」も「なみ」も当用漢字（現在の常用漢字）の読みになかったため、区が敬遠したためだといわれている。

一九六三年一二月一〇日、ワシントンハイツはアメリカ軍から正式に日本側に引き渡された。選手村は代々木の本村のほか、自転車競技のための八王子、カヌー競技のための相模湖、ヨット競技のための大磯、馬術競技のための軽井沢に分村が設けられた。開村式は、本村、分村とも六四年九月一五日におこなわれた。

「東京砂漠」と呼ばれた異常渇水

奥多摩の小河内《おごうち》ダムに依存していた東京の水資源は、一九六一年（昭和三六）ごろから慢性的な渇水に悩まされ続けていた。東京オリンピックが開催される六四年の夏にはついに、小河内ダムが底をつき、給水制限率が五〇パーセントに達する異常事態に陥ってしまう。水道水が自由に使えないため、排泄物を流せず東京じゅうが臭くなったといわれるほどだった。

小河内ダムは、東京都奥多摩町の標高五三〇メートルに位置し、多摩川上流域を水源とする集水域は、東京都奥多摩町、山梨県丹波山《たばやま》村、小菅《こすげ》村、甲州市の四市町村にまたがり、面積約二六三平方キロメートルにおよぶ。一九三八年一一月一二日に起工式をおこなったが、戦局の影響を受け四三年一〇月五日に工事を中止、四八年八月に工事を再開し、五七年一一月二六日に九四五世帯の移転と工事における八七名の犠牲のもと、総工費約一五〇億円で完成した。

一〇月に東京オリンピックの開催が迫っていた六四年は、梅雨の時期の降雨が乏しく、急激に貯水量が減少したため、東京都は渇水対策本部を設けて取水制限を強化した。しかし八月に入っても雨が降らず、練馬区などには自衛隊の給水車が出動し、バケツを持った主婦が給水車に行列をつくった。この非常事態をメディアは「東京砂漠」と呼んだ。オリンピックの開会式まで二か月を切った八月一四日には、貯水率が二パーセントとなり、水没していた墓石や家の土台が姿を見せた。

小河内ダムは竣工から四年後の一九六一年に、映画『モスラ』に登場していた。海上で豪華客船を転覆させたモスラが、再び出現したのは「第三ダム」で、地図上に「奥多摩湖」と記されているのは小河内ダムによってできた小河内貯水池である。

渇水対策と映画「モスラ」

早急な渇水対策を迫られた東京都は、群馬県には利根川から、埼玉県には荒川から水を供給してもらえるよう、各県の知事に願い出た。この計画を実現するため国は、水資源開発公団（現・水資源機構）を設けた。公団はまず、利根川の水を荒川に持ってきて、荒川から都が一日一二〇万トンの水を分水してもらうという第一次利根川水利用基本計画を作成した。鈴木はこの分水計画を次のように回想する。

都が取水すると、水利権をもつ埼玉県の農家は農業用水を奪われ、大きな影響が出ます。そこで、私自身も協力要請のため、埼玉の水利組合や地主のもとに何度も足を運びましたが、当然のことながら、話し合いは難航しました。

一方、人工水路の建設は公団の仕事でしたが、工事が予定通り進まないため、ズック製の大きなホースで二つの川をつなぐという、漫画のような計画が真剣に検討されたほどです。

（『時代の証言者7　国づくり』）

しかし、全力を挙げても人工水路は間に合わないため、埼玉県秋ヶ瀬の荒川岸に堰を造り、荒川から取水して、都が新たに土地を買って朝霞に浄水場を造り、東京へ水を送るという計画が持ち上がった。しかしこの計画も朝霞浄水場の建設がオリンピック開幕までに完了しないことがわかり、浄水前の荒川の水を東村山の浄水場に運んで、そこで浄水して都内に配水することになった。この措置により暫定給水日量六〇万トンを配水することができるようになり、四五パーセントまでになっていた第三次給水制限が緩和されて、無事オリンピックを迎えることができたのだった。

ちなみに映画のモスラは、奥多摩湖から米軍の横田基地を経て、青梅《おうめ》街道から東京都心部に入り渋谷を破壊する。オリンピックを控えて都内の各所では地下鉄の延長工事、主要駅の駅前では整備工事が進められ、渋谷駅周辺の一部も工事中だった。モスラに壊されるミニチュアセットでも、工事区域を示す看板などが忠実に再現されていたのである。

鈴木俊一が映画『モスラ』を観たかどうかは定かでない。しかし多摩地方の養蚕業者の家に生まれた鈴木は、ある種の感慨をもって映画を観たとしても不思議ではない。

なおこの映画の上映に先立ち「週刊朝日・別冊」に原作にあたる小説「発光妖精とモスラ」が掲載されている。この小説は中村真一郎、福永武彦、堀田善衛《ほったよしえ》の合作で、主人公の「福田善一郎」という名前は、三人の名前を組み合わせたものである。映画でも原作でも、「モスラ」には戦後の東京に対する批判が、随所に盛り込まれていた。

3 開催準備

オリンピック組織委員会と東京都の準備

鈴木はオリンピック担当の副知事としてオリンピック組織委員会の委員にもなった。組織委員会の会長には国際金融官僚として知られた津島寿一《じゅいち》、事務総長には朝日新聞出身で水泳連盟会長を務め、東京オリンピック招致活動の中心人物だった田畑政治が就任していた。しかし津島、田畑両氏のあいだは円滑ではなかった。鈴木から見ても「津島さんも田畑さんも大変よくできる人だったが、あまりでき過ぎて、衝突することが多かった」（『回想・地方自治五十年』）という。そこで、安川電機会長で日本原子力研究所（現・日本原子力研究開発機構）理事長、日本原子力発電初代社長、九州電力会長などを務めた安川第五郎を会長にし、事務総長にはスペイン大使をしていた外交官の与謝野秀《しげる》が就任した。

オリンピックに向けた関連事業は、国立競技場の拡張をはじめ、国立屋内総合競技場や日本武道館の建設、道路や上下水道の整備、新幹線や地下鉄建設など多岐にわたり、事業費総額は、国家予算が年間三兆円前後だった時代に九六〇〇億円を超えた。

開催都市である東京都は、戦後復興期を経て人口と産業の過度な集中による都市機能の低下という大きな問題を抱えていた。長期計画にもとづいて対策を講じてきた都にとって、オリンピックは都市を改造する絶好の機会だった。そこで計画のなかでもオリンピックと都市機能に関連が強い事業、競技施設をはじめ、道路、交通、港湾、上下水道の建設整備、環境衛生などを優先させた。東京都政を長年取材してきたジャーナリストの塚田博康が書いた『東京都の肖像』によると、「家庭ゴミを作業員が各戸のゴミ箱から掻き出して集めるのをやめてプラスチック製の容器収集に切り替えたのをはじめ、水洗便所の普及、首都美化運動から性病予防対策、英会話の講習にまで及んだ」という。

競技会場の決定と建設

オリンピック東京大会は国立競技場のある神宮外苑（明治公園地区）、代々木公園地区、駒沢公園を中心として都内の各会場と、神奈川、埼玉、千葉、長野の各県でおこなわれた。

国立競技場を中心とした公園施設のうち、明治神宮外苑に接する日本青年館西側、国立競技場西側、東京体育館周辺および若葉地区を明治公園として環境整備がおこなわれ、東京体育館、同屋内水泳場、同附属運動場の改修、国立競技場と東京体育館を結ぶ連絡橋梁、駐車場などが建造された。

開会式、閉会式と陸上競技が、神宮外苑の国立競技場でおこなわれることは、東京が立候補したときから決まっていた。国立競技場の収容人数は五万五〇〇〇人だったが、一九六二年（昭和三七）二月に七万五〇〇〇人収容の規模にする増改築工事が着工し、六三年八月に完成した。競技場の立地は丘陵の斜面で、メインスタンド側が低く、高低差が約一〇メートルもあった。一〇万人収容を目標にスタンドの拡張をめざしたが、敷地面積と既存のスタンドとの関連上、最大限で約七万五〇〇〇人にとどまらざるをえず、美観の点からバックスタンドは三日月型に増築されたのである。

漕艇競技も、大会に立候補したときから、幻となった「一九四〇東京五輪」に際してつくられた埼玉県の戸田漕艇場でおこなうことが決まっていたため、一九六三年に拡幅工事がおこなわれた。ヨット競技の開催地は、五九年の第五五次ＩＯＣ総会では横浜港と回答していたが、適正ではないことが判明し、六〇年六月一〇日の第八回組織委員会会議で神奈川県江ノ島沖の相模湾に決定、六一年五月からヨットハーバーの整備がおこなわれた。

水泳競技場は四万人収容のものを新設する計画があったが、施設特別委員会から大きすぎて運営上適当ではないという答申があった。そこで六〇年六月一〇日の組織委員会会議で、代々木のワシントンハイツに国立屋内総合競技場本館および別館を新設することとなった。この用地は、隣接の選手村用地に先立ち、六二年一一月三〇日にアメリカ軍から日本政府に返還され、六三年二月一日に建設工事が着工、六四年八月三一日に完成した。

こういった施設の設計については、岸田日出刀《ひでと》、中山克己、高山英華《えいか》らが施設特別委員となり、計画を審議した。前川國男、丹下健三ら優れた建築家を育てた岸田は、内田祥三《よしかず》とともに安田講堂や図書館など関東大震災後の東大キャンパスの復興にあたったことでも知られる。また一九四〇年に開催を予定していたオリンピック東京大会では施設計画委員長を務めていた。

4　外苑・代々木・駒沢の競技施設

国立競技場

青山・代々木一帯は、明治・大正・昭和にかけてオリンピックや博覧会の会場に予定されながら、中止の憂き目に遭うことばかりだった。しかし、一九五八年（昭和三三）におこなわれた第三回アジア競技大会で、神宮外苑が開催地の中心となる。

この大会をきっかけに、老朽化していた神宮競技場を取り壊して、国立競技場、東京体育館と東京体育館屋内水泳場、国立庭球場が建設された。しかし外苑全体としては施設が多くなりすぎるため、既存の施設を改修し、外苑全体を利用しやすくなるように、周辺の整備を図った。その結果、約六五万平方メートルの敷地に、国立競技場、秩父宮ラグビー場、東京体育館と同屋内水泳場のオリンピック関連競技場と、神宮野球場、神宮第二球場、国立庭球場、神宮水泳場、絵画館、日本青年館、絵画館前広場、東京ボウリング会館、神宮外苑テニスクラブなどの施設が置かれることとなる。

国立競技場の前身である「明治神宮外苑競技場」は、日本初の本格的な陸上競技場として青山練兵場跡地に建設された。一九一九年（大正八）一二月に着工したが、物価の高騰や関東大震災の被災者の収容施設になるなどしたため工事が中断され、二四年三月に工事を再開し、同年一〇月に完成した。織田幹雄の三段跳、南部忠平の走幅跳で世界記録樹立の舞台となり、また第二次世界大戦中の四二年一〇月には学徒出陣の壮行会がおこなわれた。

終戦後は連合軍に接収され、「ナイル・キニック・スタジアム」という名称で使用された。接収解除後は再び一般に開放されていたが、一九五八年のアジア競技大会と国民体育大会のメイン会場にすることが決まり、五六年に明治神宮から文部省に譲渡され、新設の競技場が整備された。建設計画の中心は、建設省関東地方建設局営繕部の角田栄《しげる》と片山光生《てるお》で五七年一月に着工し、大会を二か月後に控えた五八年三月に完成した。

東京オリンピックのための拡張工事では、収容人員を増やすためにバックスタンドを増設、正面スタンドから見て右側にあった聖火台のバックスタンド中央への移設、グラウンド地下道の新設、電光掲示盤や夜間照明設備を改修。この競技場には「正門」がなく、千駄ヶ谷門と代々木門の二つに分かれていたが、正面入口を環状四号線に面して新設した。

秩父宮ラグビー場は大会に必要な五か所の蹴球場のひとつとして整備され、メインスタンドを拡張し、収容力を増加した。この球技場はアメリカ軍による東京大空襲（山の手大空襲）により焼失した女子学習院跡地で、アメリカ軍の駐車場になっていた場所である。

東京体育館は一九五四年の世界レスリング選手権大会開催の際に都立の体育館として建設された。第三回アジア競技大会の際は屋内競技場の中心としてバスケットボールなど、東京オリンピックでは体操競技の会場として使用された。旧徳川邸の跡地で、渋谷川がつくった低地を挟んで国立競技場と反対側の丘陵上にある。東京体育館に隣接する屋内水泳場は、第三回アジア競技大会の水泳競技場として建設され、オリンピックでも使用された。

国立屋内総合競技場

代々木公園に隣接して建つ二つの建物、国立屋内総合競技場の本館（第一体育館）と別館（第二体育館）は、「一九四〇東京五輪」で最大の建築史成果のひとつである。二本の柱に支えられたうねるような屋根が美しい第一、巻貝のような外観で内部がすり鉢状になった第二は、戦後建築の名作であるにとどまらず、戦後日本の発展を象徴する建物といえる。

この競技場は、文部省のワシントンハイツ屋内総合競技場建設協議会で原案を討議し、東京大学丹下健三研究室に設計を委託して、一九六三年（昭和三八）二月に着工、六四年九月に竣工した。

丹下健三は東京帝国大学工学部建築学科卒業後、前川國男の事務所に入所し、戦時下には大東亜建設記念造営計画と在バンコク日本文化会館コンペで一等を獲得した。終戦直後には、東京、前橋、呉、稚内などの復興都市計画をおこなった。四九年には広島平和記念公園および資料館のコンペで一等に入賞、四六年に東京帝国大学助教授に就き、七四年の定年退官まで東京大学で教鞭をとった。丹下の研究室は、大谷幸夫、浅田孝、槇文彦、磯崎新《あらた》、黒川紀章《きしょう》、谷口吉生《よしお》らを輩出した。一九五〇年代後半には東京都庁舎（一九五七年）、香川県庁舎（一九五八年）などを設計し、六一年に丹下健三・都市・建築設計研究所を開設。国立屋内総合競技場と同じ年に竣工した東京カテドラル聖マリア大聖堂も丹下の代表作のひとつである。

　第三回アジア競技大会の開催を記念する建築物として国立競技場がすでに建設されていたため、本館の屋内水泳場はオリンピック大会の記念建造物となるように計画された。

　水泳は日本人には歴史的に人気がある競技であるため、多くの観客を想定し、約二万五〇〇〇人収容の規模が求められた。さらに将来は水泳にとどまらず多目的に利用できる屋内総合競技場として計画が推進された。しかし、二万五〇〇〇人が収容可能な空間を支える技術や、大会に間に合わせなくてはならない超短工期の問題から、一万数千人の収容力で設計されることになる。

　構造は高張力による吊り屋根方式とし、地下二階、地上二階、延べ床面積二万五三九六平方メートル、高さ約三五メートル、直径約一八〇メートル、短径約一二〇メートルの幅をもった円形の建物となった。館内には五〇メートル八コースの競泳プールと、長さ・幅とも二二メートルの飛び込みプールおよび練習プールが設けられた。

　同じ敷地に建設された別館は、延べ床面積五五九一平方メートルで、総工費は約三〇億円を要した。収容可能な観客数は四〇〇〇人で、バスケットボール競技をおこなうために、屋外には仮設の練習用コートを併設、大会後には各種の競技をおこなうだけでなく、集会にも利用できるようになっている。

なお国立屋内総合競技場は当初、五八年のアジア大会の際、神宮外苑の旧競技場を解体し、五万七〇〇〇人収容の国立競技場を設計していた建設省の角田栄部長が設計することを希望していたという。しかしこのとき屋内水泳場を実現できなかったため、今回のオリンピックの屋内総合競技場の設計は任されなかったといわれている。一方の丹下は「一九六四東京五輪」だけではなく、「一九七〇大阪万博」にも深く関わっていくことになる。

渋谷公会堂と代々木選手村

現在、東京屈指の繁華街になっている渋谷は、古くは「塩谷《しおや》の里」と呼ばれ、塩谷が転じて渋谷になったという。文化・文政期の地誌『新編武蔵風土記稿』によると、この時代には渋谷川などの河川を利用した水車業が発達し、精米・製粉がこのあたりの重要な産業だった。

一八八五年（明治一八）に日本鉄道高崎線の支線として品川・赤羽間を走る品川鉄道が敷設されて渋谷停車場が開設された。一九〇九年に練兵場が代々木に移転し、渋谷駅が最寄り駅になると、周辺に住宅が建て込みはじめ付近もにぎわうようになる。一九二三年（大正一二）の関東大震災以降、震災により壊滅した下町の人々が移住してくると、渋谷は繁華街と化していった。

『野火』や『俘虜記』で知られる戦後文学者の大岡昇平は、幼少年期を渋谷（現在の東急百貨店本店の東側）で過ごした。自伝作品『少年』には関東大震災の数年前、一九一八年頃の渋谷のようすが描かれている。

> 小路を出たところ、宇田川横丁の向う側は、代々木台地の西縁であるが、斜面の裾に狭い畠がある。青黒い防腐剤を塗った冠木門《かぶきもん》があり、一劃は有刺鉄線で仕切られている。右側に一つの急な坂が上っているが、（その方はカラタチの生垣になっていた）畠の奥の崖を斜めに上る坂があり、その上にコンクリートの塀が迫っている。これが後の陸軍刑務所、当時の衛戍監獄である。
>
> 畠には青い服を着た顔色の悪い囚人が、作業をしていることがあった。彼等の通行人を見る眼付は、子供にはあまりよい見物《みもの》ではなかった。そして畠の上に聳《そび》える監獄の塀は、子供には何か想像を絶した怖ろしい世界と映る。
>
> （『少年』）

東京五輪でウェイトリフティングの競技場として利用されたのは渋谷公会堂だった。戦前は衛戍監獄（陸軍刑務所）があったところで、ワシントンハイツを経て、オリンピックをきっかけに渋谷区が公会堂を計画し、一九六四年（昭和三九）に建設された。オリンピックの翌年には改めてコンサートホールとして開業し、親しまれてきたが、二〇〇五年（平成一七）改装を機に撤去された。

代々木の選手村には宿舎のほかに大食堂二棟が新築された。菊竹清訓《きよのり》の設計による「この二棟はまったく同じ設計で、「富士食堂」と「桜食堂」と名づけられ、一棟が各六区画に分けられてい」たという。この食堂は、オリンピックの終了後ただちに解体されることが決まっていたため、当初はテント構造の建物として計画されたが、オリンピック組織委員会の反対で採用されなかった。また、選手村のメインゲートを設計したのは機能主義による住宅建築で知られる清家清だった。

「オリンピック選手村の印象は、アメリカのどこかの、大きな大学、それも、世界各国からの留学生をたくさん受け入れている大学の、キャンパス（校庭）のそれである」と素描したのは作家の阿川弘之である（「男子選手村の風景」）。

阿川によると、二つの大食堂はセルフ・サービスのカフェテリア式で、浴場は共用、インターナショナルクラブと呼ばれる集会場ではミルクやアイスクリームの無料サービスが付いていたが、豪華なものではなかった。村内の広場や街路は、「東京広場」「アテネ通り」「ヘルシンキ通り」「メルボルン通り」と名づけられ、その間を循環バスが走っていた。村内での使用は自由で、乗り捨てできる自転車もあった。食堂には、ポークチョップも、ポテトサラダも、イスラム教徒用の料理もあり、たくあん、味噌汁も揃っていたという。

「スポーツに何か一つ、すぐれたわざを持っているということを除いて、ごくあたりまえの若者たち」が世界各地から集まり、「東京の一角にこうして暮らしているというのは、やはりちょっとおもしろいことだ」と阿川は感想を綴る。しかしこの土地には、あまりよくない思い出もあった。

> 今から二十四年前、「紀元二千六百年」で、学生服に銃をかつぎ、砂塵の中の大分列行進をやらされたとき、ここは代々木の練兵場であった。そのつぎ、戦後用があって、守衛に怪しい者扱いをされながらはいって来た時は、駐留軍のワシントンハイツであった。そのおもかげは、今はいずれも消えている。これは、少なくとも悪い変わりようではない。
>
> （同前）

阿川の述懐には東京の歴史と変化に対する皮肉と苦渋がにじみ出ている。

駒沢総合運動場

一九四〇年（昭和一五）に第一二回オリンピック大会が東京で開催された暁には、陸上競技場、水泳場、選手村などが建設される予定だった駒沢の地は、「一九六四東京五輪」の第二会場として全面的な改修整備が進められた。

東京ゴルフ倶楽部が手放し、目蒲電鉄の所有になっていた駒沢ゴルフ場は、一九四二年の一月、空襲に備えて防空緑地に指定され、さらに翌年九月には、東京都防衛局が全域を買収して駒澤決戦緑地計画が立案された。それでも一部の土地は農地として貸付けされて、終戦後もしばらく食糧生産に使われていたという。戦後の四九年に「駒沢総合運動場」として整備され、第四回国民体育大会のためのハンドボールコートとホッケー場が建設される。

一九五三年には運動場内に東急電鉄によって「駒澤野球場」が建設され、プロ野球球団・東急フライヤーズ（現在の北海道日本ハムファイターズ）が利用、翌年には改称した「東映フライヤーズ」の本拠地となった。東京オリンピックの競技場整備のため六一年に閉鎖され、翌年に取り壊されて跡地に「第二球技場」が建設された。

一九五八年の第三回アジア競技大会ではバレーボールコート、五九年一〇月の第一四回国民体育大会では弓道場を新設し、会場として使用された。六四年のオリンピック大会では第二会場にするため、弓道場を除き、全面的な改修整備が都市計画事業として実施される。陸上競技場、体育館、屋内球技場、第一球技場、第二球技場およびサブ・トラックの各競技施設を建設したほか、園内各施設の機能を管理制御する制御塔、中央広場、駐車場、園路その他公園施設を築造・整備。大会ではホッケー、レスリング、バレーボール、サッカーなどの競技がおこなわれ、「体育館」がレスリング、「屋内球技場」がバレーボール、「陸上競技場」がサッカー、「補助球技場」などがホッケーの会場となった。

各施設の設計は体育館が芦原義信、陸上競技場が村田政真《まさちか》、屋内球技場そのほかは東京都で、造園は東大農学部の横山光男、交通計画は東大工学部の八十島《やそしま》義之助、アーバンデザインはフリープランナーの秀島乾が担当した。各分野の専門家を調整し、全体をデザインしたのは高山英華である。

高山は東京帝国大学工学部建築学科を卒業後、同大の助手、助教授を経て教授となり、一九六三年には工学部に都市工学科を新設することに尽力した。都市計画の第一人者として八郎潟干拓、新宿副都心、筑波研究学園都市、高蔵寺ニュータウンなどの開発計画に携わった。日本建築学会会長、工学院大学理事長なども歴任し、大阪万博の施設計画のまとめ役を務めた。

中央広場の北側に建つ高さ五〇メートル、地下一階、地上一二階建ての「オリンピック記念塔」は、上部に給水槽が設けられ、公園の電気・ガス・水道・通信をコントロールするため「管制塔」とも呼ばれる。

体育館とともにこの塔を設計した芦原義信は、戦後初の留学生として米国に渡ってハーバード大学大学院で学び、帰国後は芦原建築設計研究所を創設。デビュー作の「中央公論ビル」で日本建築学会賞を受賞した。建築を都市計画や環境全体の中でとらえる〝街並みの美学〟を唱えて、建築界に大きな影響を与えた。国立歴史民俗博物館、ソニービル、東京芸術劇場、第一勧業銀行本店や、七〇年万博のイタリア館、オーストラリア館、ニュージーランド館、モントリオール万博の日本館も設計している。東京大学教授、法政大学教授、武蔵野美術大学教授などを歴任、日本建築学会会長も務め九八年（平成一〇）に文化勲章を受章した。

東京オリンピック終了後の一九六四年一二月、会場の跡地に「駒沢オリンピック公園」が開園する。屋内球技場は建て直しのため二〇一四年に解体され、一七年に新しい屋内球技場が完成した。「二〇二〇東京五輪」では競技会場にはなっていないが、サッカー、ラグビー、バレーボールの練習会場として活用され、中央広場は東京都内の聖火リレーの出発点として予定されている。

日本武道館

日本武道館が建つところは、江戸城築城時に築土神社を遷座した場所で、その後は徳川御三家のひとつがあった。明治維新後は近衛師団の兵営地として使われ、武道館建設前はその跡地となっていた。

しかし、「国技の大殿堂」を目指した武道館の敷地の選定は難航し、青山御所西南部、赤坂御所隣接地、代官町乾門前、リンカーンセンター跡地（国会議事堂前）、ワシントンハイツ跡地の五か所が候補に挙げられていた。一九六三年（昭和三八）六月には、武道館建設議員連盟会長の正力松太郎衆議院議員が、池田首相に宮内庁用地の割譲を要請したが、池田のほうから代替地として代官町北の、旧近衛歩兵第一・第二連帯跡地が提案され、この敷地に建設することで七月に閣議決定されたのである。その後、建設費の募金活動などもおこなわれ、同年一〇月三日に着工、突貫工事の末、翌年九月一五日に竣工し、一〇月三日に開館した。

八角形の特徴的なデザインは法隆寺の夢殿がモデルで、大屋根の稜線は富士山をイメージしている。設計した山田守は、逓信省で東京中央電信局を手掛け、永代橋《えいたいばし》、聖橋《ひじりばし》、東海大学の各地の校舎などでも知られている。

「一九六四東京五輪」では柔道競技の会場として使用するとともに、剣道、弓道、相撲などのデモンストレーション会場としても使用された。「二〇二〇東京五輪」では柔道と空手が実施される予定である。

5 東京の変貌

首都高の建設

現在ではあたり前となった日本橋の上を首都高速道路が通る景観も、東京オリンピックが生み出したものである。

オリンピック東京開催が決定した一九五九年（昭和三四）の前年、五八年に首都高速道路計画が議決される。東京都内には早急な交通インフラ整備が求められたが、開幕までの猶予期間が短かったうえ、用地を買収し、道路を新設している猶予もなかった。そこで、既存の道路や河川上空に首都高速道路を通すこととなり、首都高速都心環状線では、日本橋の上空に道路高架橋を建設する計画が持ち上がったのである。

この計画に対しては、日本橋川を干拓し、川床に首都高速道路を建設して日本橋の景観を守ろうという案も出された。しかし河川管理の側面から、豪雨時には洪水になるという指摘が出されたため地下化案は却けられた。こうして六三年に日本橋上の首都高は完成した。

当時は、都心と羽田空港とを結ぶ交通は日ごとに混雑の度を加え、既存の京浜一号と京浜二号だけでは飽和状態にあった。政府と東京都は都心部交通対策の一環として五九年六月、首都高速道路公団を設立し、高速道路の建設に着手することとなる。全八路線は約六九・六キロにおよび、各路線の計画交通量は一日六万台、建設費一〇五八億円（当初計画額）が見込まれた。このうちオリンピック関連高速道路として優先的に建設された五路線の総延長は約三二キロ、施工経費は約七三二億円にのぼった。

こうした高速道路の立案・設計を積極的に推進したのが、「山田天皇」とあだ名されて辣腕を揮った山田正男である。山田は都市計画家・土木技術者で、戦前から戦後をまたいで東京都の道路計画を策定した人物である。

東京国際空港と都心および選手村を結ぶ高速一号線は、一部区間の工事の難航と着工の遅れで、予定の工期中に完成するか心配された。これは一号線が、羽田から都心に至るまで、ほとんどが海中か海岸を通っていることから、東京湾内の漁業権に関連したものであった。高速一号線と四号線を最優先で建設することが決まったとき、山田は新規に用地を獲得し、建設した高架道路の下に店舗などを設置するという従来の方針を変更させた。そして既存の道路や河川の上に道路を建設する「空中作戦」と呼ばれる方法を考案し、オリンピック開催までに必要な道路を完成させたのである。

なお浜松町駅と東京国際空港を結ぶ「東京モノレール」も同じ年の九月に開業している。

放射五号線（甲州街道）と環状六号線が交差する初台《はつだい》付近を起点として、江戸橋付近で高速一号線に接続する高速四号線は、大会時の競技場への輸送に主要な役割を果たす予定だった。しかし、この路線の建設については、千鳥ヶ淵付近の美観維持が問題となった。文化財保護委員会（文化庁の前身）が皇居の濠の景観を損なう恐れがあると指摘したことから、景観を損ねないようにするため濠の底に橋脚を設置し、水面すれすれに橋桁が来るように配慮されたおかげで、景観が道路に遮られることがなくなった。

環状七号線と放射四号線

オリンピック関連の二二路線のうちで最も重要な路線は環状七号線と放射四号線だった。

環状七号線はオリンピック道路の骨格をなし、大田区から板橋区に至る新設路線で、都心の交通緩和、選手輸送などに重要な役割を果たしたが、主要道路や鉄道とは二七か所すべてが立体交差する大工事だった。

この道路は、一九二七年（昭和二）に旧東京市が策定した道路建設計画にすでに盛り込まれていた。戦時下に建設計画は凍結されたが、戦後、石川栄耀による東京都戦災復興都市計画に取り込まれ、美観道路としての整備計画が立てられた。しかし東京都知事・安井誠一郎の都市計画に対する不見識や、ＧＨＱの贅沢だという横やりにより、計画は実現されないまま放置されていた。その後、先述した山田正男の主導により、一九六四年の東京オリンピック開催のための道路としての整備がおこなわれた。駒沢総合運動場や、戸田漕艇場と羽田空港とを結ぶ主要道路となることから、招致活動に合わせて新神谷橋（北区と足立区の境）までの工事が急がれることとなり、この区間は六四年までに開通した。

放射四号線は千代田区永田町を起点に、駒沢公園付近を通り、世田谷区新町に達する幹線道路で、六四年三月に難航していた三軒茶屋付近の用地取得が解決し、同年九月に全線が開通した。

この道はかつては「矢倉沢《やぐらざわ》往還」と呼ばれ、静岡の茶、秦野《はだの》のタバコ、相模川の鮎などを江戸に運ぶのに用いられた。江戸時代中期以降、相模大山への参詣者が急増すると、宿駅などが整備されていたこの往還が江戸からの参詣道として利用され、「大山街道」、「大山道」とも呼ばれるようになった。大正時代には神奈川県の県道一号線に指定され、戦後は改良工事がおこなわれて静岡県沼津市までの「主要幹線東京・沼津線」となった。

一九六二年、この道の三宅坂から渋谷までを正式に「青山通り」と呼ぶようになった。さらに、東京オリンピックに向けて大幅な道路の拡張工事が計画され、工事の結果、青山通りはそれまでの二二メートルから現在の四〇メートルに拡幅された。国道への昇格は五六年七月で、六五年三月に、現在の国道二四六号になった。そして、六八年九月二九日には都電の青山一丁目・渋谷区間が姿を消した。

青山通りの変貌

一九三二年（昭和七）に東京の東日本橋で生まれた作家の小林信彦は『私説東京繁昌記』の

なかで、オリンピックから約二〇年を経た青山通りについて次のような観察を書き記している。

> 　青山御所、青山東御所、秩父宮邸である長々とつづく石垣を、歩行者が丹念に眺めれば、石垣を形づくる石の一つ一つに、白い塗料のようなものの跡が残されているのに気づくはずである。
>
> （略）結論を言ってしまえば〈白いもの〉は、一九六〇年（昭和三十五年）から六三年（三十八年）にかけておこなわれた、道路拡張工事の痕跡なのである。東京の道路としては、そう狭いとも思われぬ電車道を強引に拡げて、いわゆる〈青山通り〉が作られたのは、工事期間から察せられる通り、東京オリンピックのためであった。
>
> （『私説東京繁昌記』）

　小林はオリンピックの開催当時、青山北四丁目に住んでいた。小林によると青山通りの拡幅に際しては、「主として、渋谷方面に向かって右側――青山御所や神宮外苑のある側」を削るため、立ち退きを強制された。御所の石垣はバラバラにされ、白ペンキを付けた状態で、長いあいだ放置されていたという。それからやがて、以前とはかなり引っ込んだ位置に、番号順に石が積まれ、石垣が再び完成した。小林は原稿を書くため、道幅の変化について三つの役所にたずねてみたが、正確な答えを得ることはできなかった。

東京オリンピックに向けての混乱は、私にとって、身近なものであったし、とてつもない賠償額をめぐっての騒ぎ、悲喜劇を見聞きもした。

青山一丁目についていえば、私は、高層ビルがならぶ現在の風景に、一九六〇年（昭和三十五年）ごろの地味な風景を二重焼きせずには考えられない。さらに、渋谷まで焼野原がつづく一九四七、四八年（昭和二十二、三年）の光景が浮び、街の眺めは三重焼きになる。こうした〈三重焼き〉は、青山一丁目に限らず、東京の主な盛り場、街についても同じことだと、ふと、思いあたった。

東京は、関東大震災、空襲、高度成長にともなう変容と、三つの大きな破壊を経たのだが、三つめの破壊については——それが〈建設〉だという大きな錯覚があるせいか——資料のたぐいは見事に残っていない。

（同前）

『私説東京繁昌記』は中央公論社の文芸誌「海」に連載されたあと、一九八四年九月に単行本化されたもので、連載時から同行した荒木経惟《のぶよし》の写真とともに、高度成長期の東京の変貌を

1963～65年（昭和38～40）頃の表参道
（所蔵　白根記念渋谷区郷土博物館・文学館）

洋菓子 フランセ 東京店
福禄寿飯店

捉えた貴重な記録である。

関連道路の建設整備

一九六〇年（昭和三五）の東京都の道路率は一〇・五パーセントで、世界の主要都市の中で最も低いものだった。大会招致が決定すると東京都はただちに、首都圏整備計画にもとづく関連道路および街路の建設整備計画に着手した。しかし、道路建設にあたって最も難航したのは用地の取得だった。住民の精神的な補償、商店等の営業補償、移動に伴う費用の補填、代替地の提供など多くの困難がともなったためである。

政府は、六一年に「公共施設整備に関連する市街地の改造に関する法律」と「公共用地取得に関する特別設置法」を制定した。副知事だった鈴木は、「実際道路担当なんていうのは、特定の地主のところ、頑張っているおじいさんのところに六〇回も足を運んで話しに行くということもやって、それでできたんですね」（『官を生きる』）と述懐する。

こうして東京都関係のオリンピック関連二二路線、公団関係の関連高速道路がいずれも大会開催前の六四年八月に完成したが、総事業費約七二一億円のうち、用地取得に要した費用は補償も含め約五〇〇億円にもおよんだ。

ホテル・ラッシュ

オリンピック前の東京では、訪日客向けのホテル不足が大きな課題となっていた。
観光事業審議会は、オリンピックの開催時には「東京及びその周辺地域に最高時に一日約三万人の外客が滞在するものと思われる」と答申、この推定をもとにオリンピック東京大会準備対策協議会が外客宿泊施設整備計画を作成した。ホテル、旅館、ユースホステルは運輸省が、改良旅館、船中泊、民泊、プレスハウスなど各種宿泊施設は東京都と神奈川県が整備をおこなった。

こうしたなか、一九六二年（昭和三七）ころから、コンベンションの場となる大ホールや客室数、客室の設備や広さ、レストラン、バー、ルームサービスなどについて国際的な基準をめざしたホテルが開業し始めた。

千代田区永田町に開業した「ホテルニュージャパン」は藤山愛一郎率いる藤山コンツェルンが設立母体となり、当初は高級アパートメントとして計画された。設計したのは建築音響学の権威で、大隈講堂を共同設計した佐藤武夫である。その後ホテルに計画変更され、六〇年にオープンしたが、七九年に老舗百貨店・白木屋の株買占めで知られる横井英樹が買収し、合理化にもとづくホテル経営をおこなっていた。しかし八二年二月八日に火災事故で三三人もの死者を出し、営業禁止処分を受けて廃業した。

かつては赤坂葵町と呼ばれた、起伏のある高台に建つ「ホテルオークラ」は、帝国ホテルなどを設立した大倉喜八郎の長男の喜七郎が、「日本の伝統と近代的なホテルの調和」という理念を具現化するため、自邸の敷地を利用して一九六二年に開業した。谷口吉郎を委員長とする設計委員会を設け、芸術家の意見を聞きながら作り上げた本館の空間は、高い評価を受けてきた。二〇一五年（平成二七）九月からの建替工事で改装され、一九年（令和元）九月一二日に新本館がグランドオープンし、「The Okura Tokyo」に改称された。

千代田区紀尾井町にある大谷重工業社長大谷米太郎の私有地約二万坪は、堀割と石垣に囲まれた緑豊かな環境で、ホテル用地としては絶好の場所だった。そこで大谷に打診して建設に漕ぎつけたのが「ホテルニューオータニ」である。都内大型ホテルの拡大目標一〇〇〇室の基準となり、また日本初の超高層ホテル（高さ六〇メートル以上）だった。一九六三年四月一日に着工し、六四年八月三一日に竣工、翌九月一日、オリンピック開催の一か月前に開業した。オリンピック開催期間中に約六万人の外国人を迎え入れた。

「東京ヒルトンホテル」が建つ千代田区永田町の「星が岡」と呼ばれるところには、北大路魯山人の美食倶楽部「星岡《ほしがおか》茶寮《さりょう》」があった。しかし、戦災で焼失し、五六年に東急グループが一帯の土地を購入していた。六三年六月には日本初の外資系ホテルとして開業し、内装は吉田五十八《いそや》、渡辺力《りき》、剣持勇といった日本を代表する建築家、工業デザイナーが担当した。このホテルはその後、経営資本が変わり、「キャピトル東急ホテル」を経て、現在は二〇一〇年に隈研吾の設計で新築された「ザ・キャピトルホテル東急」として営業している。

しかし、数多くの大規模ホテルが建設されながらも、宿泊施設のベッド数は圧倒的に不足していた。そこで日本旅館にベッドを入れた改造旅館や大学の学生寮、教会、寺院の宿坊なども外国人向け宿泊施設として用いられた。また都内の個人宅に外国人が泊まれるようにと「民泊」制度を導入し、東京港に停泊させた船に宿泊させることもあった。

一九六〇年代に建てられたホテルの多くは、現在老朽化が進み、改築・改装を余儀なくされている。また経営資本が変わったホテルも少なくない。外観や内装が流行に左右されるのはやむをえないことだが、東京オリンピックの「遺産」と呼ぶのにふさわしいホテルはわずかになった。

6　祭典の内外

世紀の祭典

一九六四年（昭和三九）一〇月一〇日、東京は朝から晴天に恵まれた。神宮外苑の国立競技場を埋めた七万五〇〇〇人の観客が見守るなかで、午後二時五八分にアベリー・ブランデージＩＯＣ会長の日本語による挨拶を受けるかたちで、昭和天皇が第一八回オリンピック東京大会の開会を宣言した。

聖火の点灯に先だち、東龍太郎東京都知事は第一七回大会開催都市のローマ市長からオリンピック旗を受け取った。アジアで開かれた最初のオリンピック大会は、参加九四か国、参加選手・役員七四九五人と空前の規模で、アメリカ、アジア、中東からの初参加も一七か国にのぼった。

歴史小説家の杉本苑子は開会式を見て戦時中に思いをはせている。

二十年前のやはり十月、同じ競技場に私はいた。女子学生のひとりであった。出征してゆく学徒兵たちを秋雨のグラウンドに立って見送ったのである。場内のもようはまったく変わったが、トラックの大きさは変わらない。位置も二十年前と同じだという。オリンピック開会式の進行とダブって、出陣学徒壮行会の日の記憶が、いやおうなくよみがえってくるのを、私は押えることができなかった。

天皇、皇后がご臨席になったロイヤルボックスのあたりには、東条英機首相が立って、敵米英を撃滅せよと、学徒兵たちを激励した。文部大臣の訓示もあった。慶応大学医学部の学生が、送る側の代表として壮行の辞を述べ、東大文学部の学生が出征する側を代表して答辞を朗読した。

（「あすへの祈念」）

念願だった自国開催のオリンピックで、日本は競技成績で金メダル一五、銀五、銅八の二八個を獲得、米ソに次ぐ三位となり開催国の面目を保った。

一五日間の大会のために使われた直接的な事業費は二九三億円（選手強化費や競技施設整備費を

含む）だが、東海道新幹線、首都高速道路、幹線街路、地下鉄整備などの間接的事業費をあわせると、ほぼ一兆円に達した。財源全体の八割近くは、都、国鉄、帝都高速度交通営団、首都高速道路公団などの起債、つまり借金でまかなわれた。東京都自体は、支出二五六四億円のうち国庫補助金六一〇億円を差し引いた一九五四億円が持ち出しになった。

白洲正子と東京五輪

東海道新幹線が開業したのは五輪開催の九日前、一〇月一日だった。多くの日本人が東京に向かい、視線を送る一方で、歴史を遡り、過去に分け入ろうとしたものもいた。

> 一九六四年、東京オリンピックが開催された秋、ある出版社の依頼で、西国三十三ヶ所の観音巡礼を取材した。日本中がオリンピックで沸きに沸いているのを尻目に、旅に出るのがいい気持だったからで、まだその頃は私にも多分に客気が残っていたのである。今から思うと気羞しいが、近江の山の上から、こがね色の稲田の中を、新幹線が颯爽と走りすぎるのを見て、優越感にひたったものだ。お前さんはすぐ古くなるだろうが、こっちは千数百年を生きた巡礼をしてるんだ、ざまぁ見ろ、といいたい気分であった。

（『白洲正子自伝』）

随筆家の白洲正子の進歩に対する反発は、半世紀以上経った今日でも痛快である。しかし、「風土」の開発はまだ途上に過ぎず、その矢面は西国にも向かっていったのである。

日本万国博覧会場内風景（所蔵 大阪歴史博物館）

Ⅲ　一九七〇大阪万博

1　大阪万博への道

日本万国博覧会の実現

一九四〇年（昭和一五）に開催を予定していた日本での万国博覧会が中止に追い込まれたのはI章で述べたとおりである。しかし戦後の日本は、朝鮮戦争による特需などもあり急速に復興していった。そして海外で開催された博覧会に参加するなかで、サンフランシスコ講和条約の締結、国連への加盟など、万博開催の条件も整ってきたのだった。

一九六四年二月には、商工官僚として四〇年万博計画を主導した豊田雅孝参院議員が国会で万国博覧会開催を提案、さらに大阪が万博誘致の要望書を政府に提出した。こういった動きを受けて、政府も万博開催の検討を始め、同年八月、「一九七〇年の万博開催を積極的に推進する」ことが閣議決定されたのである。

日本が万博を開催するには、戦前から非加盟になったままだった国際博覧会条約に批准する必要があり、衆参両院の全会一致での可決を経て、六五年二月八日に条約加盟国となった。同年四月二二日には、駐仏大使を通じてパリの博覧会国際事務局（ＢＩＥ）に万博開催の申請書が提出され、翌月のＢＩＥ理事会で受理された。

一九六四年六月、一九七〇年の万博開催構想が閣議了解され、政府レベルでの開催に向けた動きが本格化し始める。しかしこの時点では、大阪だけが開催地の有力な候補だったわけではなかった。万博の会場として兵庫県は神戸港東部埋立地、滋賀県は琵琶湖畔木浜《このはま》、千葉県は浦安埋立地を候補地に名乗りをあげ、大阪府は南港埋立地を候補地にしていた。

一九五八年に始まった大阪南港の埋立事業は、臨海工業用地の造成を目的にアラビア石油が大規模な石油精製コンビナートを整備する計画だったが、石油政策の見直しにより頓挫したため、万博用地として活用する案が浮上したようである。

また、池田勇人首相は羽田空港の跡地の利用、河野一郎建設相は琵琶湖を埋め立て、広大な敷地を造成する提案を口にしていた。しかし、東京でのオリンピック開催とバランスをとる観点から、開催地は近畿圏が望ましいというのは大方の意見が一致するところで、大阪府と滋賀県、神戸市が誘致をめぐって激しく競り合った。そして六四年七月に「大阪を中心とする近畿地方」での開催を推進する委員会が発足し、誘致に向けた活動が本格化していく。左藤義詮《ぎせん》大阪府知事、中馬《ちゆうま》馨《かおる》大阪市長、小田原大造商工会議所会頭を中心に万国博誘致委員会を結成し、地元をあげて運動を開始したのである。六四年八月には万博を所管する通産相が南港と千里丘陵をヘリコプターで視察、九月には小田原会頭らが南港埋立地を視察した。しかし、同年一〇月に左藤知事、中馬市長、小田原会頭のトップ会談で大阪の候補地を千里丘陵にすることが決まったという。

大阪は地盤沈下の傾向にある経済とその地位を回復するとともに、東京がオリンピックを契機に整備された例にならって、万博を開催することで市街地の改造や、高速道路、地下鉄建設など社会資本を一気に充実しようとしたのだった。やがて候補地は近畿に絞られ、経済基盤が強力で広大な用地も確保できる大阪府が優位となり、翌一九六五年四月、桜内義雄通産相が裁定することで大阪府吹田市の千里丘陵での開催にまとまり、大阪開催を閣議決定してパリの博覧会国際事務局に申請したのである。

「千里」の記憶

大阪万博がおこなわれた千里丘陵は、大阪府の北摂地域、豊中市・吹田市・茨木市・箕面《みのお》市にまたがる。一〇キロにわたる低い丘陵には、かつては村らしい村もなく、集落といえるのは山田村の山田と千里村の佐井寺、新田村の上新田・下新田ぐらいだったという。地域の標高は二〇メートルから一五〇メートル足らずで丘や谷が入り組み、谷間には多数の池が点在して、丘陵の斜面では桑などを作っていた。また大阪府下でも有数の桃と筍の産地だった。

　千里丘陵は広大に広がる険しい山林で、平安時代から狩猟がおこなわれていたものの、人が住み着く気配は長らくなかった。初めて人が分け入ったのは江戸時代で、現在の上新田周辺に三三人が入植し、その後古江台に九人が住み着いたと伝えられている。伝承では、山田村に住んでいた人々が外山（裏山・現在の千里ニュータウン）を開拓して田畑にしようと呼びかけたところ、「田畑をつくるには水がいる」、「水を貯めるためには池がいる」ということで池を造った。しかし、千里丘陵は新田開発されたものの、気候や地質が水田に向いていなかったため、農民は桃などの果樹や筍を栽培したという。

　江戸時代の末期からは、現在の上新田・下新田のあたりで桃の栽培が始まり、大阪の天満《てんま》市場に出荷されたほか、缶詰にも加工された。しかし、大正時代の初期に害虫が大発生し、多くの地区で桃が全滅し、筍作りに転換していくこととなった。なかでも色が白く、柔らかくて歯ごたえもある山田地区の銀筍は阪神間の別荘地で人気があったようである。またこの丘陵では赤松が多く生えることから、秋には多くの松茸が採れた。田では酒造米が作付けされ、池田や伊丹、灘方面の酒蔵に販売されたという。

大阪万博の計画

日本政府はＢＩＥ理事会で万博の大阪開催が決定する二か月前に、万博協会の前身である大阪国際博覧会協会を設置し、この組織のなかに万博の統一テーマを起草するテーマ委員会が設けられた。委員長は茅誠司、副委員長は桑原武夫、そして、井深大《まさる》、大佛《おさらぎ》次郎、貝塚茂樹、曾野綾子、丹下健三、松本重治、武者小路実篤、湯川秀樹が委員を務めた。

テーマ委員会では九月一日の最初の会合以降、頻繁に会議を開き、基本理念の案文は、桑原副委員長の原案をもとに作成された。

> 世界の現状をみるとき、人間はその栄光ある歴史にもかかわらず、多くの不調和になやんでいることを率直にみとめざるをえない。技術文明の高度の発展によって現代の人類は、その生活全般にわたって根本的な変革を経験しつつあるが、そこに生じる多くの問題は、なお解決されていない。さらに世界の各地域には大きな不均等が存在し、また地域間の交流は、物質的にも精神的にも、いちじるしく不十分であるばかりか、しばしば理解と寛容を失って、摩擦と緊張が発生している。科学と技術さえも、その適用を誤るならば、たち

まちにして人類そのものを、破滅にみちびく可能性を持つにいたったのである。

このような今日の世界を直視しながらも、なお私たちは人類の未来の繁栄をひらきうる知恵の存在を信じる。しかも私たちはその知恵の光が地球上の一地域に局限されて存在するものではなく、人間あるところすべての場所に、あまねく輝いているものであることを信じるものである。この多様な人類の知恵が、もし有効に交流し刺激しあうならば、そこに高次の知恵が生れ、異《ことな》る伝統のあいだの理解と寛容によって、全人類のよりよい生活に向っての調和的発展をもたらすことができるであろう。

(『朝日新聞』一九六五年一〇月二一日)

桑原のほか、梅棹忠夫、小松左京、川添登、開高健、堤清二、中根千枝、永井道雄らが加わった専門調査委員会は、こうした理念にもとづき、一九六六年春までに四つのサブ・テーマを決めた。それは「人間自身——よりすこやかな生命の充足を」「人間と自然——より豊かな自然の利用を」「人間と技術——よりよい生活の設計を」「人間と人間——より深い相互の理解を」というものである。

大阪万博のサブ・テーマ委員、テーマ館のサブ・プロデューサーを務めたのはＳＦ作家の小松左京だった。一九六〇年代前半から、「万国博を考える会」を結成して、万国博のイメージを模索していた。万国博などという奇妙なイベントが、文明史の中でなぜ生まれたのか。それがこれまで、人類社会にどういう役割を果たしてきたのか。また、日本という国のなかで、こういった巨大な国際的行事がつくられていく過程を「社会現象」として捉えて、地域開発、政財界、官界、学界、文化人らの反応と対応の仕方、総合的な政治演出などをあらゆる側面から観察し、検討しようとしていたのである。

小松は実現した万博で、テーマ館のチーフ・プロデューサーである岡本太郎とともに、ＤＮＡの巨大模型をつくって生物進化を現す「太陽の塔」の内部展示を構想した。塔の地下スペースに展示された世界各地の神像や仮面は、小松の盟友の民族学者・梅棹忠夫らが世界各地から収集してきたもので、万博閉幕後、跡地に開館した国立民族学博物館のコレクションのもとになった。

万博協会会長・石坂泰三

日本が国際博覧会条約に加盟したのは一九六五年（昭和四〇）二月のことで、同年九月に総会の賛成を受けて、日本で万国博覧会が開催されることとなった。

万博の本格的な準備が始まったのはその一か月後、財団法人日本万国博覧会協会が発足してからのことで、会長には経団連会長の石坂泰三《たいぞう》が就任した。石坂は、第一生命保険、東京芝浦電気（現・東芝）社長を経て、第二代経済団体連合会会長を一九五六年から四期一二年務め、「財界総理」の異名をとった。

「地盤沈下が激しい大阪を建て直すために」という要望で実現した万博だったことから、会長は近畿圏の経済界の大物が担うべきだと考えられていた。そこでまず松下電器の松下幸之助会長に白羽の矢が立ったが松下は辞退、次に大阪出身の芦原義重関西電力会長、堀田庄三住友銀行頭取らが適任だと思われ、二人に依頼をしたものの断られた。そうして石坂にお鉢が回ってきたのが実状だったようである。

石坂に会長就任を依頼したのは三木武夫通産大臣からであった。

城山三郎の小説『もう、きみには頼まない――石坂泰三の世界』によると、一九六五年の一〇月の終わりころ、石坂は大磯の吉田茂邸に招かれたという。城山が引用した石坂の日記によると、「大勢名士が来てゐた。後で三木通産大臣から話があるから、ロングビーチのホテル迄《まで》来てくれといふ。それは大阪万国博覧会々長の問題で、私に暫定でもよいから、会長を引受けてくれとの話だった。桑原である」と記している。八〇歳目前の石坂にとって、三年後に開かれる日本最初の万博会長を務めるというのは、災難から逃れたいという意味で「桑原」以外のなにものでもなかった。三木は石坂に、「大阪で開催というので、会長には関西の大物財界人の起用を考え、幾人かの候補を選んで交渉してきた。だが、その誰もが逃げ腰で、受けようとしない。もともと国家的行事でもあり、経団連会長である石坂にやってもらう他はない」（『もう、きみには頼まない』）と懇願したらしいというのである。

万国博覧会事務総長

オリンピックを終えた東京では、高度成長によるひずみが露呈し問題化していた。都政に対しても、公害問題への対処がなおざりなうえ、五輪開幕直前の水不足の際の水利政策が批判を浴びていた。池田勇人首相が「東京都に都政なし」と言いはなったのも、都の行政の混乱や先見性のなさに対してだった。「東京都議会黒い霧事件」などの汚職事件もあり、自民党の川島正次郎副総裁は「首都圏庁」を設けて東京に関わる行政の一元化を図ることを提案した。

こうした情勢のなか、東龍太郎都知事は一九六七年（昭和四二）に三選不出馬を表明、自民党から鈴木に対し、同年の東京都知事選に擁立の話が持ち上がったが鈴木は固辞した。結局、自民党は民社党が擁立した立教大学の松下正寿総長を推薦したが、日本社会党・日本共産党推薦の美濃部《みのべ》亮吉に敗れた。

鈴木が日本万国博覧会協会事務総長への就任を依頼されたのは、一九六七年四月二二日に東知事の退任とともに副知事をやめ、無職をかこっていたときだった。

自民党副総裁の川島や福田赳《たけ》夫《お》幹事長に呼ばれ、「君はオリンピックを手掛けたのだから、大阪万博の事務総長をやってくれないか」といわれたが、突然の話で友人に相談したところ、「賛成だ。行きなさい」というものはだれもいなかった。とくに自治省関係者は「今さら、大阪に行くことはない」という消極論がほとんどだったという。

しかし、鈴木はいろいろと話を聞き、大阪に行く気になる。関西の財界や官界には三高の同窓生が多くいたことや、大阪で万博という国際的イベントをやるのもおもしろいではないかと思ったからである。こうして鈴木は七月一七日に博覧会協会の事務総長に就任した。

博覧会協会の初代事務総長は通産官僚の新井真一だった。新井はテーマを策定し、テーマ館の総合プロデューサーを岡本太郎に依頼するなど尽力したが更迭された。

> 前任者の事務総長の新井真一君は、絵を描かせたら大変うまい芸術家肌の人のようで、通産省の出身であり、この仕事に最も向いていると思われた。しかし、万博のシンボルマークを決定するときに、もちろん自分でつくったのではないだろうが、自分の関係したであろう案を採用し実質的に決めたようだった。この話を石坂さんに持っていったのだが、

石坂さんがあまり気に入らず、お二人の関係がおかしくなったと聞いている。そんなことで事務総長を代えるという話になり、「オリンピックをやった鈴木が今遊んでいるから、あれにやってもらおう」ということになったのだろうと想像している。

（『回想・地方自治五十年』）

『もう、きみには頼まない』を援用すると、石坂は「おれの知らんうち、こんなマークを」と言って立腹した。専門家の委員会が選出したシンボルマークは、三大陸をあしらったデザインだったが、石坂は「ヨーロッパの質屋みたいなマークだ」、「役人だけに任せておくと、何をやるかわからん」とエスカレートし、デザインのやり直しをさせることになった。しかし、事務方の責任者は「専門家の意見だから」と繰り返し、「もしやり直しなら辞任する」と凄んだ。これに対し石坂は、「じゃ、きみ、引退しろよ」と言い放った。大阪万博のシンボルマークはその後、大高猛《たけし》による桜の花をデザインしたものに落ち着くことになった。

「自然」と「造成」の相克

一時的な博覧会のため千里丘陵の自然地形を破壊し広大な敷地を設けることに、疑問の声があがらなかったわけではない。

万博計画の初期段階でマスタープランを作成したのは西山夘三《うぞう》と丹下健三だった。吉見俊哉の『万博と戦後日本』によると、西山らが提案したマスタープランの基本方針には、「自然の地形を出来るだけ尊重し、自然とマッチした豊かな空間造形とすぐれた会場景観を確保するように計画する」ことが、重要なポイントして掲げられていた。

西山は京都帝国大学建築学科卒業後、石本喜久治《きくじ》設計事務所を経て大学院に戻り、住宅問題を研究、「食寝分離論」を提唱し、戦後の住宅平面計画の主流となったＤＫ（ダイニングキッチン）型の誕生に大きな影響を与えた。戦後は、農村での農家住宅調査、大都市の不良住宅調査と住宅改善事業の指導に取り組む一方、都市計画・地域計画に対する提言を数多くおこなった。

千里丘陵の竹林について、万博会場の計画委員のひとりで林学者・造園学者の関口鍈太郎《えいたろう》は、次のような意見を述べていた。

　本来この地方固有の植物景観と申しますと、カシ、シイといった常緑の広葉樹ですね。しかしそれはとっくになくなっておりまして、第二次的にあらわれた松の林、特に赤松の林でありますが、それがこの辺の植物景観、自然的な植物景観をなしている。それが江戸末期になって、生産の目的でだんだん林相が変えられていまの孟宗竹になってきたという

千里丘陵の万博会場予定地。1966年（昭和41）
（所蔵 大阪歴史博物館）

ことなんです。（略）これらは森林的に見てそう立派な林というわけじゃありませんけれども、しかしながら、これを抜いてしまって新しくこれから植えて緑地景観をこしらえるということと比較すれば、それは立派な植物景観ということができる。（略）幸いにして竹というものは東洋の原産、特に東南アジアに特有のものでありまして、しかも日本にある竹の林は、東南アジアのほかの地方にある竹の林と異なりまして、ああいう非常にしょうしゃな、優美な姿をした竹林を形成しておる。今度アジアで初めて（略）開かれる博覧会全体の植物景観のモティーフとしては最も適切なものじゃないか。

（第三回会場計画委員会）

しかし、竹林を残すには会場の山を削り、谷を埋め、平地を造成する面積を可能なかぎり小さくしなくてはならない。委員の一人だった建築家の村野藤吾は西山に、「自然を残す」という基本方針のポイントと、「会場を造成する」という要件は矛盾してしまうのではないかと質問した。西山はそれに対し、自然を「完全に残すということはできない。かなり削ったり埋めたりしなければならない。それで自然を残すというのは、可及的に残したいという希望であ」る。「率直にいいますと、ひだが細かいですから谷のところにうまくおさまらない」から、施設を建てるには「かなりガッサリ削らないとできないということになる」と答えている。

吉見俊哉は、西山自身は平地造成がベストであるとは考えていなかったようだが、何十棟というパビリオンを平地に建設するという前提から、大規模な土地造成はやむをえないという結論に達したのだろうと解説する（『万博と戦後日本』）。しかしそれでも、千里丘陵独特の地形や樹木相、「竹林」というシンボルを残して開発との調和を図る方法が、いまとなってはあったようにも思われる。

宮本常一の万博への期待

『忘れられた日本人』などの著作で知られる民俗学者の宮本常一は万博開催の前年、一九六九年（昭和四四）一一月、岩手県九戸《くのへ》郡山形村川井（現・久慈市山形町）で「都会文化と農村文化」という講演をおこない、そのなかで翌年に迫った大阪万博について話題にしている。

宮本によると山形村のような地方の村落でも、テレビをはじめとした電化製品に表われる身の回りのようすは、都会と少しも変わらないようになった。日本人はヨーロッパの人たちと違い、そういうものを持つことにはたいへん熱心で、すぐに切り替えてしまう。おそらくこの川井が変わったのもこの一〇年ほどのことだろう。一〇年前には想像もしなかったモダンな家が並ぶようになったのも、変化した動機は東京オリンピックだった。オリンピック以前、全国の一般家庭のテレビの普及率はせいぜい二〇パーセントだったが、自分の家でオリンピックを見ようと、だれもがテレビを買い始め、日本中に普及した。そうしてこのような現象が、さらにもうひとつ大きく起ころうとしている。それは一九七〇年に大阪で開かれる万国博覧会である。

宮本はこの万博で中心をなしている岡本太郎に、次のように尋ねた。「今度ずいぶんエライことをやる。しかしあれはみんなが参加する祭りではなくて、ほんの少数の者が演出して、それを見に行く祭りでないか。どのようにしてみんなを参加させるのか」。すると岡本は「とにかく蓋を開けてみないとわからない。蓋が開いたら、みんなが騒ぐじゃろう」と答えた。

> わたしにはこの祭りがわれわれの想像もつかないような大きな祭りになりそうな感じがするんです。この万国博に集まってくる人たちは、最初三〇〇〇万人と見込まれていました。三〇〇〇万人でも驚くべき人数なのですが、いま農協などで予約をとっていますが、それから類推すると、だいたい五〇〇〇万人の人が動くのではないかと言われています。五〇〇〇万人と言いますと、そのなかにはひとりの人が二回行くということもありますが、日本の全人口の半分が来年七カ月の間に大阪へ移動することになります。これは全世界はじまって以来の大きな人の移動なんです。五〇〇〇万人という人がひとつの目的のために、つまり万国博を見るために大阪に集まるんです。

（『宮本常一講演選集3　都会文化と農村文化』）

宮本の見るところでは、万博を見に行こうという希望は都会のほうが遅れていて、田舎の人たちのほうが先んじている。万博には山形村からも多くの人が旅をすることになり、田舎が働き始めると都会は慌て出すだろう。一村のもの、一郷のものだった日本人が持つ「お祭り騒ぎ」の気分は横への連絡の広がりにより、いまでは日本全体のものになろうとしている。郷里を持って生きている人たちが、同時に一つになる。万博の開催が、これだけ大きなエネルギーになるんだということを如実に示している……。『忘れられた日本人』を書き、離島振興法の成立に尽力し、地方の停滞に心を痛めた宮本ですら、万博の開催前にはこのような大きな期待を述べていたのだ。

2　千里丘陵の開発

田園都市の先駆け

一九五八年（昭和三三）に大阪府により開発が決定された「千里ニュータウン」は、大阪の中心部から約一〇〜一五キロ離れた、吹田市と豊中市にまたがる「千里丘陵」に建設が進められた。計画規模は面積一一六〇ヘクタール、人口約一五万人に及び、海外でも例を見ない大事業だった。日本最初の大規模ニュータウン開発であり、一九六三年に制定された新住宅市街地開発法が初めて適用されるなど、各地のニュータウン開発に大きな影響を与えた。

この地方の村々は一六一五年（元和元）から徳川氏代官の支配地だったが、その後領主が入れ替わり、一八六九年（明治二）六月、淀《よど》藩主稲葉《いなば》美濃守《みののかみ》正邦《まさくに》の時代に上納された。一八七一年七月に淀県に属し、同一一月大阪府の管轄となった。

明治時代の初めごろは、米、糯《もち》、大豆、大角豆《ささげ》、小豆、綿、裸麦、豌豆《えんどう》、春筍、夏桃、蕨、大根、菜種、薪柴《しんさい》、甘藷、茄子、胡瓜、越瓜《あさうり》、夏柿、葱、水菜、蕪《かぶ》、四月菜、蕃椒《ばんしょう》などを栽培していたという。

千里丘陵では千里ニュータウン開発以前にも住宅開発がおこなわれており、大正時代には「千里山住宅地」が、太平洋戦争後には「千里山団地」が誕生している。

「千里山」は大阪府吹田市の旧大字で、地域としては千里丘陵の南部にあたる。一八八九年四月の町村制施行により島下郡佐井寺《さいでら》村と片山村が合併したとき、新しい村名をつけるにあたり佐井寺の北側の小丘を「千里《ちさと》山」と呼んでいたため、その山の名をとり「千里村」と名づけた。一九二一年（大正一〇）に開業した北大阪電気鉄道の千里山駅を「せんりやま」と読ませていたこともあり、一九三一年に大字佐井寺から分立した大字千里山も「せんりやま」と呼ぶようになった。こうして千里山は東西一〇キロ南北八キロにわたる丘陵全体の総称となった。

千里山住宅地を最初に開発したのは、大阪商工会議所会頭の山岡順太郎が設立した大阪住宅経営株式会社だった。山岡は内務省の少壮官僚による田園都市建設の構想を受けて、そのプランを内務省の外郭団体である都市研究会に委託する。イギリスの田園都市、レッチワースなどを参考にしたそのプランは、ロータリーを中心に直線の街路が放射状に伸び、その延長線上の北部と南部に小さなロータリーを配置して、全体を半環状に構成したものだった。当初のプラ

千里ニュータウン。1963年（昭和38）頃
（所蔵　大阪歴史博物館）

ンの名残は現在でも見ることができる。

一九二一年に北大阪電気鉄道が十三《じゅうそう》から千里山に延伸すると、千里丘陵は郊外住宅地や別荘地として開発が進んでいく。戦後の高度成長期には、大阪市内の環境悪化が深刻になり、住宅用地が不足してしまったため、大阪府は千里丘陵を大規模な住宅団地に開発して、千里ニュータウンのマスタープランを立てたのだった。五八年五月に大阪府により一五万人規模の「千里ニュータウン」の建設が決定し、翌五九年四月に開発計画が正式に公表される。六〇年一〇月に開発全体のマスタープランがまとまり、六二年九月に吹田市C住区（のちの佐竹台）で第一期入居を開始、六五年には人口が三万三〇〇〇人となり、日本一のマンモス団地に成長していった。

「北大阪急行」の開通

千里丘陵に住み始めた人々の足となったのが、北大阪電気鉄道を前身とする阪急千里線である。

一九六三年（昭和三八）八月に京阪神急行（阪急）千里山線（現・千里線）の千里山駅・新千里山駅（現・南千里駅）間が開業し、六四年には村野藤吾の設計による千里南センタービルがオープンした。六七年三月には、京阪神急行新千里山駅・北千里駅間が延長開業して、新千里山駅を南千里駅、千里山線を千里線と改称、北千里駅に日本で初めての自動改札機が導入された。千里ニュータウンへの鉄道交通機関としては、阪急千里線のほか大阪市営地下鉄の御堂筋《みどうすじ》線の延伸を希望する声が多かったが、大阪市の市外であり、沿線人口の少なさなどから見送られてしまう。その代替案として地下鉄の終点「江坂駅」から北に伸びる北大阪急行電鉄が建設されたのである。

北大阪急行電鉄は、大阪府なども出資する阪急の子会社として六七年に設立され、万博会場へのアクセス路線ともなる南北線・会場線が、万博開幕の前月（二月）に開通、七〇年三月の万博開幕とともに、江坂駅・千里中央駅・万国博中央口駅間が開業した。なお、万博閉幕にともない、北大阪急行電鉄の千里中央・万国博中央口駅間は廃止され、中国自動車道上、北新田橋の下にあった千里中央駅は現在の位置に移って営業を開始した。千里中央駅も開業当初は仮設駅として会場線との分岐点に置かれていたが、同年九月一四日に南北線部分が〇・五キロ延伸して新しい終点駅となった。

日本万国博覧会は、事業費総額六五〇〇億円にのぼる巨大な事業だったが、そのうち道路関係の事業費は全体の五一・四パーセントで、三三四二億円を占めていた。一般国道や府道とともに周辺の高速道路も整備され、万博の開催に合わせて、六七年から工事が進められていた

「近畿自動車道」が開通し、「名神高速道路」とを結ぶ「吹田インターチェンジ」が誕生した。

ニュータウンに残された古い家並み

千里丘陵の農地や竹林は掘り返され、団地や鉄道、道路になっていったが、ニュータウンが開発される際に、千里中央駅の南に位置する豊中市上新田一丁目から四丁目は、開発に反対する住民によって開発を免れている。

上新田地区は徳川秀忠の治世下、大坂夏の陣の翌年に、武蔵国の代官間宮三郎右衛門の命により開拓された幕府直轄領だった。一九五八年（昭和三三）に決定された開発計画に含まれ、買収予定地のほとんどは森林や田畑だったが、上新田地区には約一〇〇〇人が居住していた。大阪府は「府民の住宅確保」を主張したものの、上新田の住民から反対の声が上がり用地の買収は難航した。大阪府は六〇年五月、専門家会合で、開発反対派住民の説得に時間がかかりすぎると判断し、同地区のニュータウン開発を断念。山田弘済院地区とともに、用地買収対象から除外することにした。

上新田地区には寛永年間（一六二四～四四年）の創建とされる「上新田天神社」が鎮座する。「千里天神」とも呼ばれるこの神社の祭神は菅原道真と宇《う》迦《か》之《の》御魂《みたま》大神《のおおかみ》で、新田村の開墾により江戸時代前期の一六八六年（貞享三）に現在地に社殿が再建された鳥居前の集落には、再建以降に形成された古い家並みがいまも残る。

現在の千里丘陵には、ニュータウン開発による市街地化で果樹園や赤松の多くは姿を消してしまっているが、上新田の町並みや散在する竹林が近世・近代の面影を留めている。

3　未来都市は出現したか

EXPO’70

一九七〇年（昭和四五）三月一四日から九月一三日まで一八三日間にわたって開催された「日本万国博覧会」は、アジアで初めて、日本でも最初の国際博覧会だった。略称は「大阪万博」で、一般的な英語表記としては「EXPO’70」が用いられた。

財団法人日本万国博覧会協会が主催し、博覧会の名誉総裁に皇太子明仁親王、名誉会長に内閣総理大臣佐藤栄作が就任、「人類の進歩と調和」をテーマに掲げた。この万博に参加したのは、七七か国（日本を含む）、四国際機関、一政庁（香港）、アメリカ三州、カナダ三州、アメリカ二都市、ドイツ一都市、二企業。国内参加は三二団体、展示館三二館（日本政府、日本万国博覧会地方公共団体出展準備委員会、二公共企業体、二八民間企業）にのぼった。

太陽の塔とエキスポタワー

万博の総合プロデューサーには丹下健三と西山夘三、運営プロデューサーには宝塚歌劇団のプロデューサー内海《うつみ》重典、テーマ展示のプロデューサーには岡本太郎が就任した。岡本はもともと、「人類の進歩と調和」という大阪万博の理念に疑義を唱えていた。

> 今までの万国博のように、科学の進歩をオプティミスティックに信じ込んで、華やかな見せものを誇示する。そういう展示であってよいのだろうか。万国博は発生以来、科学技術、工業力のデモンストレーションの場として、進歩の歌をうたいつづけてきた。たとえば英国、ロンドン博のシンボル、水晶宮にしても、パリのエッフェル塔にしても、それは

単なる建築、展示以上の大きな意味、進歩への期待、未来への夢の象徴的なイメージだった。将来はこうなるのかと心躍らせ、無限の可能性に心をふくらませた。それらがうち建てられたとき、全世界が驚き、喜び、希望をもち、科学技術の力でこれから夢のように素晴らしい世界、幸福な時代が実現するのだと信じた。その期待と驚きによってこれらのモニュメントは燦然《さんぜん》と輝いたのだ。

しかし今や状況は変った。甘い夢よりは、進歩が果して生活を充実させ、人間的、精神的な豊かさを与えうるのかという、苦い問いがますます重く心にのしかかってくる。

(『岡本太郎の宇宙3 伝統との対決』)

岡本はテーマ展示の枠を超えて、お祭り広場に「太陽の塔」をつくりたいと主張し、物議を醸すことになった。万博のシンボルタワーは、菊竹清訓がエキスポランドに建てるハニカム構造のタワーになるはずだった。しかし岡本の発案は菊竹ではなく、お祭り広場の設計者だった丹下健三の逆鱗にふれたのである。

丹下は対抗措置として、お祭り広場の屋根の設計を変更し、太陽の塔を屋根で囲って見えないようにしようとした。すると今度は岡本が激怒し、関係者の前で、弟子を巻き込んで取っ組み合いの喧嘩となったといわれている。

結局、太陽の塔はお祭り広場の中央やや南寄りに、広場を覆う銀色のトラスで構築された大屋根から塔の上半分がつき出すような形で建造された。塔の内部は「生命の樹」を軸にして「地下」「地上」「空中」の三展示部門のテーマが立体的に展開されている。

会場内を南北に伸びるシンボルゾーンの南端部に建設されたエキスポタワーは、三本の柱が垂直に伸びた、鉄骨タワーの概念を打ち破る画期的な構造だった。しかし、その完成が開幕まであと一か月という差し迫った時期になった理由のひとつに建設予算の巨額さがあった。

一九六七年（昭和四二）に計画された最初のタワーは高さ三五〇メートル以上、予算は四〇億円という壮大なものだったため、計画は白紙となった。そこで六八年に七億五〇〇〇万円の予算で国庫補助事業として建設されることになり、柱が四本、高さ一五〇メートル程度のタワーが設計された。しかし、建設会社一六社が提示した見積もりは、予算を大幅に上回る一四億二〇〇〇万円だった。入札は結局不調に終わり、三本柱で高さ一二七メートルの縮小案で実現されることとなった。

万博の閉幕後、銀色だったエキスポタワーは赤白の二色に塗り替えられて、しばらくは展望台として営業していた。しかし老朽化が進み、一九九〇年（平成二）九月には営業を終了して、その後は放置されていた。そして、万博開催から三三年後の二〇〇三年三月に解体・撤去されてしまったのである。

開幕式の顚末

「日本万国博覧会」は、一九七〇年（昭和四五）三月一四日午前一一時、前夜の降雪で雪化粧した会場で開幕した。式典に出席した内外の貴賓、招待者は約八〇〇〇人におよび、開会式はテレビ中継で海外にも放映されて多くの人々が見守った。

開会式では終了間際に、場内をパレードする各国の子どもたちの中から数人がロイヤルボックスに駆け上がり、天皇、皇后両陛下らに後方から花束を差し出した。読売新聞は「天皇陛下はとまどわれたようだったが、気軽に立ち上がり、花束を受けとられた」と伝えるとともに、宮内庁関係者は「こんなことはかつてない」という驚きを禁じ得なかったと報じた。

万博会場は開催の三年前に会場作りが始まったが、工事に先立ち、土地を清めるためお祓いなどの神事が執りおこなわれた。楽人五名、巫女四名で神楽を舞い、伊勢神宮から来た九名の神官によって地鎮祭がおこなわれることになったものの、会場が広大だったため一般的な地鎮祭の段取りではお祓いが間に合わなかった。そこで上空からお祓いをするという異例の処置がなされた。神官がヘリコプターに乗り、空から清めの塩と、小学生が作った千羽鶴も撒かれたという。この地鎮祭と立柱祭など一連の祭典の斎主は、阪急千里山線吹田駅近くに鎮座する

万博会場の「立柱祭」。1968年（昭和43）
（所蔵　大阪歴史博物館）

「泉殿宮《いづどのぐう》」の宮司が務めた。祭儀に使用された木曽五〇年杉でできた「元柱」は泉殿宮に奉建されて、現在も境内で見ることができる。

ところで、万博会場の南方、吹田市山田東には天台の高僧・慈覚大師円仁《じかくだいしえんにん》の創建を伝える円照寺がある。本尊の千手千眼観音像は文徳天皇の念持仏で、清和天皇が秘仏と定めたという。円照寺の寺坊はかつて山田全域に建てられ、四キロ四方に一〇余の僧坊があったと伝わる。そして本尊の千手観音を安置する本堂は、古絵図などから、「太陽の塔」付近にあったと推測されている。

大阪万博を顧みるとき、こうした宗教行事や信仰空間として歴史についてふれられることは少ない。しかし、太陽の塔が現在、ある種の宗教性に似たものを漂わせながら立っているさまを見るとき、「地霊《ゲニウス・ロキ》」というべきものの存在を感じたくもなってくるのだ。

大屋根の上から

お祭り広場は幅一八〇メートル、長さ三〇〇メートル、厚さ七・六メートルのスチールパイプを組み合わせて作られた大屋根で覆われ、その大屋根は地上から三〇メートル、ビルにすれば一〇階以上の高さに、六本のスチールパイプで作られた柱で持ち上げられていた。

一般公開初日の三月一五日の朝、お祭り広場を上空から見下ろしていたひとりの人物がいた。のちに作家・評論家として『乱歩と東京』『まぼろしのインテリア』『世紀末の一年』などを著すことになる松山巖《いわお》は、寒風が吹き抜ける巨大な屋根の中で、「会場内の人々の流れを調査するため五分ごとに一回、地上に向けられたカメラのシャッターを切るというアルバイト」をしていたという。

午前九時半開場。長く太い列をなしていた大勢の人々はゲートをくぐった瞬間、われさきに駆け出した。おのおの見たいと思うパビリオンを目指して進んでいるのだろう。ところが、三十メートルの上空から眺める群衆の動きはまるで小さな粒がはじけ散ったように思えた。皆どこへ行くのか。不思議な光景だったが、じつはより不思議に思えたのは、数日の間、大屋根の上からお祭り広場を眺めた後のことである。

一つの大きな秩序に従ってスチールパイプを組み合わせた大屋根が巨大な機械に思えた。岡本太郎が強烈な個性をもって創り上げた〝太陽の塔〟が大屋根を突き抜ける格好で、グイッと立ち上がっていたが、その塔までも機械の一部に見えた。ちょうど、一年前にアポロ11号が月面軟着陸に成功し、はじめて人類は月に第一歩を記したが、大屋根は宇宙ロケットの発射装置を思わせ、巨大科学のシンボルのごとくに私の目には映った。

（『群衆』）

松山が大屋根の上から見た光景で強く記憶に残っているのは、数万人におよぶ群衆が、イベントのたびに蝟集《いしゅう》し、イベントが終わると四方に散っていったことである。群衆は無秩序に離合集散を繰り返しているようで、じつは大きな秩序の下に動いているように見え、お祭り広場を覆う「大屋根」という巨大な機械と一つになり、一塊のエネルギーを発散し続けているように松山は感じた。

松山は、構造上の解決が明快で視覚的に強く訴える力を持つ丹下健三の仕事は、どの建築もモニュメンタルで、わかりやすく人々に訴えるものだという。そのうえで、丹下が広島平和記念資料館について語った言葉を引用する。

> わたくしはローマで神々の尺度によって建てられた建築の前で感動した。（略）グロピウスは近代建築は人間の尺度によって建てなければならないことをこんこんと語った。（略）しかしそのとき、わたしは広島の陳列館で人間の尺度を越えた尺度を採用していたのである。

（『新建築』一九五一年一月号）

平和記念資料館には、人間が個々の人間としてではなく、大量のモノとして一瞬にして消し去られてしまった記録と記憶が展示されている。しかし丹下は原爆の悲惨な記憶よりも、追悼に集まる数万の人々の群れに、戦後の復興へのエネルギーを見出し、そこに眼を向けたのではないかと松山は推測する。松山によると、丹下の眼は焦土と化した日本のなかでも明るい未来へ向けられ、それは東京オリンピック、大阪万博のお祭り広場、さらにはそれ以降の建築にも一貫しているという。しかし閉幕後に解体されてしまったお祭り広場を、現在の目から検証する手立てはもはやないのである。

堺屋太一と博覧会

大阪万博の影のプロデューサーというべき堺屋太一は開会式で、生活産業館のオーナーとして特別席に招待された。堺屋によると生活産業館というパビリオンが設けられることになり、オーナーを引き受けてくれる人物を募ったがだれも手を挙げないので名乗りを上げ、財団法人生活産業館出展協会をつくり実質的な代表となったのだという。

会長には通産大臣と経済企画庁長官を務めた菅野《かんの》和《わ》太郎《たろう》が就任し、スポンサーは一口二二〇〇万円で伊藤ハム、イトーキ、メルボ紳士服、リンナイ、田中貴金属、フェザー剃刀、灘酒造連合会など二四社が集まった。

生活産業館を設計したのは、堺屋にとって東大工学部建築学科の恩師、生田勉《つとむ》だった。このパビリオンは正六角形のユニットからなる正二四面体のサッカーボールのようなハニカム構造の建物で、堺屋は「人生の中で、最高傑作はいまだにこの生活産業館だと評価している」という。また、このパビリオンのコスチュームデザインは、当時二八歳だったコシノ・ジュンコで、若手の起用が多かった大阪万博でも最年少のデザイナーだった。

> 生活産業館のデザイナー会議は奇抜な発想、率直な意見が飛び交う、刺激的な場だった。東京都渋谷区と港区を貫く青山霊園脇から仙寿院交差点までの街路に「キラー通り」というユニークな名を付けたのも、この会議の場であった。
>
> （『地上最大の行事　万国博覧会』）

堺屋は万博終了後、通産省在職中の一九七五年（昭和五〇）に、近未来の社会を描いた小説『油断！』で作家デビューし、七六年に発表した小説『団塊の世代』では一九四〇年代後半に日本で生まれた第一次ベビーブーム世代を「団塊の世代」と命名し話題を撒いた。

また沖縄開発庁に出向して、七五年から七六年の「沖縄海洋博」を担当。工業技術院研究開発官としてサンシャイン計画に携わった後、通産省を退官した。その後も、イベント・プロデューサーとして数々の博覧会を手掛け、九〇年（平成二）に開催された花の万博では「ダイコク電機『名画の庭』」の総合プロデューサー、九二年のセビリア万博では日本館総合プロデューサーを務めた。二〇〇五年の愛知万博でも当初は最高顧問だったが、堺屋が構想した大規模な開発計画に対し、万博協会側は環境に配慮した効率のよいシステムを求めるなどの意見の相違から、就任から三か月で辞任している。

メタボリズムと大阪万博

大阪万博の会場では、「メタボリズム」と呼ばれる建築運動を展開した建築家による斬新で奇抜なパビリオンが人目を引いた。万博の目玉は、こうした近未来的な建築群だったといってもいいすぎではないだろう。

「新陳代謝」を意味するメタボリズムは、一九五九年（昭和三四）に菊竹清訓、黒川紀章ら若手建築家・都市計画家グループが開始した運動である。この運動の理念が万博に活かされることになったのは、計画の初期にマスタープランを手掛けた都市計画家の浅田孝と建築評論家の川添登によるところが大きいといわれる。それは、広大な敷地に期間限定で「都市」を出現させるという博覧会の特徴が、メタボリズムの社会の変化や人口の成長に合わせて有機的に成長する都市や建築を提案する理念と呼応したという評価による。

大阪万博でメタボリズムの建築家が起用されたのは、菊竹清訓のエキスポタワー、黒川紀章が設計した東芝ＩＨＩ館、タカラ・ビューティリオン、空中テーマ館、大高正人によるモノレールＣ駅と中央ゲートなどである。

メタボリズム以外の建築家では、万博会場のマスタープランを担った丹下健三が丹下研究室出身の磯崎新と共同でお祭り広場を手掛けたほか、磯崎はロボット「デメ」と「デク」も設計している。丹下の片腕として広島平和記念資料館や旧東京都庁舎の設計に協力した大谷幸夫は住友童話館を担当している。

東京オリンピックの際に駒沢体育館と記念塔を設計した芦原義信は、前章で述べたようにオーストラリア館、ニュージーランド館、イタリア館を担当し、選手村ゲートを設計した清家清は国連館、専売公社館（虹の塔）、スイス館を手掛けた。

当時の建築界の大御所では、坂倉準三が電力館、前川國男が日本自動車工業館と鉄鋼館、吉田五十八が松下館、前述したとおり生田勉が生活産業館を設計。また林昌《しょう》二《じ》（日建設計）がリコー館、東《あずま》孝光が三井グループ館、川崎清が万国博美術館を設計している。

パビリオンのほとんどは万博閉幕後、予定どおり撤去されていった。会場にあった主要な建築物で現存しているのは、「太陽の塔」のほか、パビリオンでは「カンボジア館」が神戸市の住宅街（北区広陵町）に移築されて集会所として利用され、「ミュンヘン市館」が陸上自衛隊日《に》本原《ほんばら》駐屯地（岡山県勝田郡奈義町）で広報室として使用されている。また、「ラオス館」だった建物が長野県諏訪市の霧ケ峰に移設され、戦没者慰霊と世界平和を祈願する無宗派寺院「昭和寺」（国際霊廟中観山同願院昭和寺）の本堂となり、全日本仏教会によって無料休憩所として建られた「法輪閣」は、大阪市天王寺区の「四天王寺庚申堂」として移築されている。

万国博美術館を転用した国立国際美術館も二〇〇四年（平成一六）に中之島に移転し、〇五年三月には万国博ホールとともに解体され、先にふれたようにエキスポタワーも二〇〇三年三月に取り壊された。そうしたなかで日本民芸館は閉幕から二年後の一九七二年三月から「大阪日本民藝館」として、前川國男が設計した鉄鋼館は改修のうえ二〇一〇年三月から「EXPO'70パビリオン」として開館している。

万博のシンボル「太陽の塔」はお祭り広場が撤去されたあとも健在だが、解体されていた可能性もある。一九七二年七月に日本万国博覧会協会を改組した日本万国博覧会記念協会が、記念公園の整備計画で七六年度の撤去を盛り込んだのだが、撤去反対の署名活動もあり存続が決まったのである。ただし岡本太郎が手掛けた三つの塔のうち「母の塔」は取り壊され、「青春の塔」はエキスポランドに移設後、二〇〇九年のエキスポランド閉園とともに撤去された。

4　万博の「反響」

宮本常一と万博開幕

万博開催による「民族移動」に期待を寄せた宮本常一は、設備設計家の川合健二との対談のなかで、万博会場の印象を語っている（「自然を語る」『建築』一九七〇年九月）。川合は東京都庁舎の設備の担当に抜擢されて以来、香川県庁、図書印刷原町工場など、丹下健三に協力してきた人物である。またプラントエンジニアとしては、ディーゼルエンジンによるエネルギープラントを設計し、一九六六年（昭和四一）には、暗渠《あんきょ》に用いられる土木用鋼鈑コルゲートを用いた自邸を建設している。

宮本　万博にはぼくは開会式の前の日に行ったんです。歩いてみてほんとに疲れたんですね。というのは休む場所がないんですわ。そりゃ小さいものはあるんですよ。そんなところへ何万とはいれるわけないでしょ。歩いているより方法ないんですね。だれもそれを言っているんです。疲れるんですね。休む場所のない展覧会場は奇抜ですね。かりにあるとしましても、どこかへ腰をおろすところはあるんですわ（笑）。腰をおろすことは休むことだと思っているんだな。ところがあの中に繊維館がある。上に例のこのごろの何とかいう絵がうつっていますね。女をいろいろ細工したやつ、これは見ておっておよそ退屈なものだそうです。下はじゅうたんが敷いてあるんですね。薄暗いもんだからみんなそこでぐうぐう寝ているっていうんですわ（笑）。これはデザインとしては失敗ですね。ところがはからずも大成功だというんですね。そこなら休めるんだな（笑）。妙なもので薄暗いところだと女性もすごく大胆になっていぎたなく寝ていますね（笑）。つまりいぎたなくなって寝られる場所があそこにないことですね。あそこだけはよそいきでなしに、薄暗いからそれができる。それが実は休息というものであったはずですね。そういう場すらあすこにつくられていなかった。だからあの建物にやってきた人たちはそういう意味で利用していた。だから意図していたものと、利用したものとがたいへん食い違いがあるんだが、その食い違いが逆の成功を呼んでおるという話です。

川合　皮肉ですね。

宮本　実に皮肉で、実におもしろいと思ったんです。そういうもの、つまりすべてこれでもかこれでもかと強いられたものが多過ぎて、そして強いられてこちらが受け身になって受けていると、それが成功だとみんなが思い込んでいるのじゃなかろうか。そういう時代がきてしまったじゃないだろうか。

庶民の大移動の契機が生まれるという点で、楽観的な予想をしていた宮本が、開幕後すぐに、悲観的な感想を述べているのだ。宮本はさらに、川合とのやりとりのなかで、「しかし続くでしょうね。おもしろいからやりますよ。もうかるもの。あれだけはいってごらんなさい。もうかりますぜ。決して損はしておりませんわ」と予測するのだった。

史上初の黒字万博

大阪万博は万博史上初めて黒字を計上した。

大阪万博の総入場者数は六四二一万八七七〇人で、そのうち外国人は約一七〇万人、一日の入場者数の最高は八三万五八三二人（九月五日）で最低は一六万三八五七人（三月一六日）、平均約三五万人だった。二〇一〇年（平成二二）に中国・上海で開かれた上海万博に抜かれるまで、万博史上で最多の入場者数を誇った（上海万博は約七三〇八万人）。

お祭り広場を中心に、万国博ホール、水上ステージ、フェスティバルホール、野外劇場などで催し物がおこなわれ、その公演数は二八八〇回におよんだ。なかでもお祭り広場では内外二七万人が出演し、一〇〇〇万人以上が観覧した。一日に八三万人以上もの人がつめかけ、ついに入場制限を実施したこともあった。

売上金額は入場券約三五〇億円、食堂・売店関係約四〇五億円。一九四〇年に東京で開催される予定だった「紀元二六〇〇年記念日本万国博覧会」の前売り券がこの万博で使用できたため、約三〇〇〇枚が実際に使用された。

千里ニュータウンでもその後、住民のための施設が考案・整備されていき、一二の住区のそれぞれに近隣センターが配置され、購買施設や郵便局などが設置された。

北大阪急行電鉄の開通で、千里ニュータウンの中央玄関となった千里中央駅前には、駅が開業した二年後の一九七二年（昭和四七）にアミューズメント施設「千里セルシー」が誕生した。ボウリング場や室内・屋外プール、サウナ、映画館などが入り、七七年には「ダイエー」もオープン。屋外に設けられた「千里セルシー広場」ではさまざまなイベントが催され、新曲発表や握手会もおこなわれ、新人アーティストの登竜門といわれるようになった。しかし、二〇一八年六月の大阪北部地震の影響による休業期間を経て、二〇一九年（令和元）の五月三一日に閉館した。

万博公園の現在

二〇一八年（平成三〇）の三月一九日から、耐震工事と内部の復元工事を終えた「太陽の塔」が一般公開を始めた。万博の閉幕以来、四八年ぶりのことである。公開から間もなく、ＮＨＫのローカルニュース番組で、内部を見学したうえでコメントを求められた。

大学時代まで大阪市内で過ごした私にとって、万博が閉幕して以降、万博公園に赴く機会は多くなかった。千里に向かう主な目的は、開催時に「万博美術館」として公開されていた「国立国際美術館」に展覧会を観にいくためだった。一九八〇年代前半のことである。その頃の万博公園は、いつ行っても閑散としたものだったが、今回は桜の時期だったせいもあり、大勢の入場者でごった返していた。

太陽の塔の内部は、半世紀近く経っていたが、開催中に入場したときの記憶は意外と鮮明で、「生命の樹」に据えられたオブジェは懐かしいものだった。しかし、ほとんどのパビリオンが撤去された公園に建つ太陽の塔には、残されたものの「孤独」を感じさせるのである。

宮本常一が予想していたとおり、大阪万博は多くの日本人に移動の機会をつくった。国鉄は、東京オリンピックに合わせて東海道新幹線を開通させていたが、一九六八年（昭和四三）一〇月一日にダイヤ改正をおこない、在来線の輸送網も強化することで、万博を成功に導いた。そして、万博をきっかけにした個人旅行の習慣化をもくろみ、閉幕から一か月後の一〇月一四日に始めたのが「ディスカバー・ジャパン」キャンペーンである。

キャンペーンのキャッチフレーズに用いられた「美しい日本と私」は、川端康成が六八年にノーベル文学賞を受賞したときの記念講演のタイトル「美しい日本の私」に似ているが、川端の了解を得ているという。白洲正子は一九六四年の東京オリンピックの喧騒を避けて西に向かったが、大阪万博以降、観光客が赴かないような「日本」は失われていった。

一方、博覧会終了後、更地になったパビリオンの跡地は緑化がはかられ、自然の森としての再生がはかられ続けていることは救いといっていいだろう。

建設中の青海地区・お台場地区。1992年（平成４）
（提供 東京都港湾振興協会）

IV 一九九六世界都市博

1 マイタウン東京

美濃部革新都政

鈴木俊一が大阪万博の事務総長を務めていたころ、首都東京では美濃部亮吉が都知事の座に就いていた。

前知事の東龍太郎は東京オリンピックで開催都市の首長の責務を果たしたものの、都政の末期には、公害問題や都議会の黒い霧事件など問題が噴出し、批判にさらされた。そして東は、二期八年で退任することとなった。

東が三選不出馬を表明した一九六七年（昭和四二）の都知事選では、自民党・民社党推薦の松下正寿立教大学総長、公明党推薦の阿部憲一渋沢海運社長、社会党・共産党推薦の美濃部が争った。その結果、松下との接戦を制してマルクス経済学者ながらテレビ出演で顔を知られていた美濃部が当選し、革新都政を発足させる。

都知事になった美濃部は、鈴木が東大で憲法と行政法を学んだ美濃部達吉の長男だった。鈴木によると、美濃部の憲法講義は筧《かけい》克彦との〝競争講義〟で、学生は最初両方を聴きにいくのだが、学生の多くはやがて美濃部の講義を聴講したという。

鈴木は美濃部亮吉が一九六七年に東京都知事に初当選したとき、社会党左派の理論的指導者のひとりである大内兵衛《ひょうえ》に呼ばれ、「副知事になってほしい」と請われた。「彼は非常にいい人物だが、なにしろお坊ちゃんだ。だからよほどしっかりした副知事がつかないと間違うおそれがある」。大内も鈴木にとって東大時代の恩師で、政治学科の必修科目である財政学の一部と二部を学んでいた。しかし、東龍太郎の副知事として東京五輪を成功に導いていた鈴木は断りを入れ、ほかの人物を推薦した。鈴木は達吉はともかく、亮吉本人とはほとんど話をしたことがないと述べている。

さらに美濃部は、一九七一年の都知事選にも社会党と共産党の推薦で出馬したが、その前年の万博の開催中、大阪にいる鈴木に自民党から出馬の打診があった。

　順調に万博の会期が過ぎていった六月ごろ、東京からいろいろな人がやってきて、美濃部さんにとっては二期目の都知事選に「出ろ、出ろ」と盛んにいわれるということがあった。新聞にも大きく取り上げられたが、私はここまでやってきた万博の仕事を途中で投げだし選挙運動に入るということはしたくなかったので、お断りして、引き続いて博覧会をやることにした。

（『回想・地方自治五十年』）

一九七一年の都知事選で再選した美濃部は、七五年に三選を果たし、東京都政で福祉を重視し、老人医療の無料化を実現した。また公営ギャンブルを廃止し、道路整備についても東京外環自動車道、首都高速中央環状線での開通工事を凍結した。

一方、鈴木は美濃部が二選目に当選した七一年五月、首都高速道路公団理事長に就任。八年の在任期間中に東名高速に接続する三号線（渋谷線）、中央道に接続する四号線（新宿線）の整備を推進した。

鈴木都政の誕生

一九七七年（昭和五二）九月、美濃部が二年後の都知事選への不出馬を表明すると各党では後継知事候補の人選が始まり、自民党都連から保守・中道にも受け入れられやすい候補者として鈴木の名前が出てきた。鈴木にとって「東京の知事」という地位は、父俊雄が所長を務めていた昭島の蚕業講習所に届く「東京府知事」名義の文書を垣間見て以来、どこかでずっと意識してきたものだったという。

> 父は東京府の技師をしていた関係で、蚕種製造関係の書類などを書いて、東京府知事あてに出すということも時々あった。私もそんな様子を見て、東京府知事というポストがあるんだなと子ども心に思っていた。父は「おまえも将来、知事のようになれればいいな」というようなことを言っていた。そんなこともあって私は、内務省へ入って、地方官になろう、またいずれは政治家になろう、というような夢を子どものころからずっと持ち続けてきたように思う。
>
> （同前）

七八年一月に公営企業金融公庫の総裁に就任していた鈴木は、七九年一月二三日、正式に都知事選への出馬を表明し、四月におこなわれる東京都知事選挙に自民・公明・民社・新自由クラブの推薦で立候補することとなる。

美濃部革新都政の後継者としては、総評（日本労働組合総評議会）元議長の太田薫が立候補に意欲的だった。「神武以来のストライキ」「ヨーロッパ並みの賃金を」「だれでも一万円」など「太田ラッパ」と呼ばれるアジテーションで知られる太田に対し、社会党委員長の飛鳥田《あすかた》一雄《いちお》は太田薫の行政手腕を危惧し、元一橋大学学長の都留重人《つるしげと》の擁立をめざした。しかし、社会党と共産党は最終的に太田薫を推薦、テレビ出演を通じて知名度が高かった麻生良方《よしかた》も衆議院議員を辞職して出馬し、鈴木・太田・麻生のほぼ三つ巴の戦いとなった。

選挙戦最後の土曜日である四月七日の夜、鈴木陣営と太田陣営が集結した新宿駅東口は大混乱に陥る。

午後六時五十八分、〝新宿決戦〟が始まった。最初に東口に姿を見せたのは、太田陣営の街宣カー。「太田が最後の訴えにやってまいりました」と言いながら、国鉄線路側の〝自陣〟へ。

続いて一分後、駅前にあったビル工場現場の囲いのシャッターが上がり、鈴木陣営の小型街宣カーが「鈴木です」と、ボリュームをいっぱいに上げながら現れた。双方の支持者から一斉に歓声が上がり、小旗が打ち振られる。

午後七時、大通りの歩行者天国が閉鎖された。その時、伊勢丹デパート方面から猛烈なサイレン音を響かせて、右翼の街宣カーが駅前に突っ込んで来た。警備の警官が笛を吹き鳴らし、警察の輸送車が道路の阻止線を張ったが、右翼の街宣カーはそのわきをすり抜け、逃げまどう群衆をしり目に一気に太田陣営へ。車上のヘルメットをかぶった右翼隊員が石を投げ、長い旗ザオを聴衆に突き出す。さらにヘルメットをかぶった二十数人が車から降り、聴衆に襲いかかり、殴る、けるなどの暴行を加えた。

（『読売新聞』一九七九年四月八日朝刊）

この投石で太田は、「メガネを飛ばし、額と鼻から血を流して車上にうずくまった」。しかし、青島幸男、市川房江、中山千夏、上田耕一郎、飛鳥田一雄といった支持者が演説したあと、包帯を頭に巻いた姿で再び登場し、最後の支持を訴えた。対立候補の鈴木が街頭演説後におこなった記者会見には、大平正芳（自民）、竹入義勝（公明）、佐々木良作（民社）の三党首とともに丹下健三夫妻が同席した。

鈴木の丹下との関わりは、昭和三〇年代の初め、民間の研究機関である産業計画会議のときからで、東京オリンピック以前からだという。産業計画会議の議長は鈴木が長崎県の水産課長をしていたころ福博《ふくはく》電気軌道（西鉄の前身の一つ）の社長で、後に「電力王」と呼ばれた松永安左エ門だった。この会議には日本住宅公団の総裁を務め、千葉県知事になった加納久朗《ひさあきら》もいた。選挙の結果は、鈴木が一九〇万票、太田が一五四万票、麻生が九一万票を獲得して鈴木が当選、投票率は五五・一六パーセントと、それまでの都知事選挙史上最低だった。
この選挙以後、鈴木は一九八三年、八七年の都知事選でも当選し、一九九五年(平成七)四月まで四期一六年の長きにわたって東京都知事を務めることになる。

「マイタウン東京構想」

第九代東京都知事に就任した鈴木は、八月に「マイタウン構想懇談会」を発足させる。この構想は都心部への業務機能の集中を抑え、「職」と「住」が均衡した多心型都市を目指すというものである。

マイタウンという言葉は、私はアメリカのシカゴで聞いたんです。昭和二五年にアメリカに行きましたときです。シカゴ市では「マイホームタウン」というんですね。ホームが入っているんです。ああ、そうかなと思って、その後パリに行きますと、「パリ・ミラージュ」運動という話があった。ニューヨークでは「アイ・ラブ・ニューヨーク」という。自分の町を愛する、自分のミラージュだ、わが町モン・パリ・ミラージュというか、そういう言葉が最も有名な外国の大都市で使われているし、東京でも同じようにしたい。マイホームタウンというのはちょっと長すぎるので、マイタウンと呼んだらどうだろうかと考えて、いろいろな人の話も聞いたりしましたが、結局マイタウンで行こうということになった。

（『官を生きる』）

マイタウン構想懇談会の座長は慶應義塾大学教授の池田弥三郎が務めた。池田は慶大経済学部予科から文学部国文科に転じ、折口信夫に師事した国文学者・民俗学者で、随筆家として多くの著作を送り出すとともに、ＮＨＫのクイズ番組「私だけが知っている」などにも出演する著名人だった。

一九八〇年（昭和五五）一二月に提出された懇談会の報告では、二八五項目にわたる政策提言がなされた。

鈴木が説明するところによると、この構想の基本理念は、ひとつは人間性を尊重すること、もうひとつは地域からの発想を大切にすることだった。人間性と地域（コミュニティ）のふたつが基本理念で、その基本理念から展開されたマイタウンの政策というのはやはり、安心して住めるようにしなければいけない、そして生き生きと仕事ができ、生活ができるようにしなければならない、ということだった（同前）。

鈴木は一九八〇年を「財政再建元年」、八一年を「マイタウン元年」と位置づけ、マイタウン構想を実現するためさらに、産業経済新聞社社長、社会経済国民会議議長などを務めた稲葉秀三《ひでぞう》を会長に据えて東京都長期計画懇談会を設けた。そして八二年一二月に、最初の東京都長期計画「マイタウン東京――21世紀をめざして」が発表される。

この計画では構想実現のため、一九八一年度から九〇年度の一〇年間に総事業費一一兆六九八四億円を投入する予定だった。八六年に発表した第二次長期計画「マイタウン東京――21世紀への新たな展開」では、計画総事業費一五兆五七八六億円、計画の目標のなかに「世界都市」という言葉が加わり、九〇年（平成二）一一月発表の第三次長期計画「マイタウン東京――21世紀をひらく」では、計画期間の一九九一年度から二〇〇〇年度に総事業費三一兆一七九一億円とされ、バブル経済を反映して第二次計画の二倍となった。

2 新都庁舎と「ハコモノ」

丹下健三設計旧都庁舎

一九八五年（昭和六〇）九月、東京都議会で新都庁舎が新宿副都心に建設されることが決定され、八八年四月に着工し、一九九〇年（平成二）一二月に完成、翌九一年三月九日に落成式が執り行われた。それ以前の東京都庁舎は丸の内にあり、鈴木が副知事時代を過ごした旧都庁舎の跡地には、現在、巨大なガラスのアトリウムが美しい東京国際フォーラムが建つ。

このあたり（現在の千代田区丸の内）は、江戸時代には土佐藩・阿波藩の上屋敷があったところで、一八九四年（明治二七）に丸の内周辺の開発にともなって東京府庁が移転してきた。以来一九九一年の新宿移転まで、約一世紀にわたり東京府政・都政の中枢を担ってきたのである。

戦前の府庁・都庁の主要な建物は戦災で焼失し、鈴木が執務した都庁舎は、安井誠一郎知事時代の一九五七年二月に竣工した丹下健三設計による第一本庁舎などであった。この都庁舎のコンペは指名制でおこなわれ、石本喜久治、蔵田周忠《ちかただ》、前川國男、松田軍平＋平田重雄、村野藤吾、佐藤武夫、丹下健三、谷口吉郎、山田守、吉田鉄郎ら、当時の名だたる建築家の提案のなかから丹下案が当選したのである。

建築史家の藤森照信は丹下の設計案が優れている点について次のように解説している。

まず、注目されるのは、問われていないことまで踏み込んで答えていることだろう。立地は有楽町の旧市庁敷地と指示されているのに、大手町、神田、月島、市ヶ谷、新宿を取り上げ、「既存及び計画交通機関の容量から見た通勤者の便」から「敷地内外の環境条件」までの7項目ごとに、各場所の優劣をつけ、有楽町がベストとしながらも、3点の難があると指摘する。このように、提示された敷地を東京全体のなかで検討して問題点を指摘したあと、3つの欠点の克服をテーマとして計画を詰めていく。

まず、周辺の錯綜した交通に対し、人と車の流れをブリッジにより巧みに分離し、敷地へのスムーズな導入を提案する。さらに、将来の拡大計画を念頭に置く必要を説き、山手線を隔てた都有空地への連絡動線を示すばかりか、その先の空地に拡大計画の平面図まで描いている。

こうした求められていないテーマまで拡大して検討、提案したあと、初めて建物本体の計画に入り、テーマを騒音対策と平面計画に絞る。

（『丹下健三』）

丹下が設計した旧都庁舎は、鉄骨やガラスなどの素材を多用し、鉄格子が構成する横長のファサード、開放的なピロティなどから、丹下の代表作にとどまらず、日本の庁舎建築の模範として高い評価を受けてきた。また岡本太郎による「日の壁」「月の壁」「建設」など陶板レリーフ一一面も設置されていた。ただしこれらは新宿への都庁移転の際、保全請願があったものの、建物の解体とともに撤去されている。

なお、旧都庁舎については丹下の事務所にいた磯崎新が、次のような欠陥を指摘している。丹下が都庁舎以前に実施した設計は、エレベーターと空調のない三階建て以下のものばかりで、エレベーターと空調が入る庁舎の設計は初めてだった。その設備はⅢ章で宮本常一との対談を紹介した川合健二が担当したが、川合は設備の専門家ではなかったため、問題が露呈したのである。

やってしばらくしたらわかったんですが、全部輸入部品を使ったため、故障したら代替部品がすぐには手に入らないとかいう問題が起こってしまった。バックアップシステムなしでつくってしまったんですね。（略）さらに旧都庁舎の場合、三一mの高さ制限があるので階高が非常に抑えられていて、天井裏が過密なんです。そんなことすべてが川合さんにとっては裏目に出てしまいました。

（『磯崎新の思考力』）

都庁は第一庁舎のあと第二、第三庁舎も竣工したが、増築を重ねても都庁の機構や職員の膨張には追いつかなかった。シティ・ホール問題が持ち上がったころには、丸の内周辺の三二もの建物に分散して執務がおこなわれ、また急速に進行するコンピュータ化にも設備が追いつかずにいたという。

新都庁舎構想

鈴木は「都庁の移転は、私が都知事として行ったことの中でも、最も大きな仕事の一つである」（『回想・地方自治五十年』）と前置きしたうえで、「新宿に都庁舎を」という構想は知事になった当初からのものだと述べる。しかし、シティ・ホール建設構想懇談会の答申では、新宿に都の本庁舎と議会棟、丸の内に行政委員会や公営企業局を設けるという二元案が示されていた。この「シティ・ホール」とは、旧都庁舎の老朽、分散、狭隘《きょうあい》などを打開し、都政の近代化を達成するための、行政機能、文化機能のことを指すものだとされた。

一九八二年（昭和五七）に「シティ・ホール建設構想懇談会」が発足し、日本経済新聞社の元社長で顧問の圓城寺《えんじょうじ》次郎が座長を務めた。この懇談会は鈴木の都知事再選（八三年四月）をはさんだ八三年一一月に報告を出したが、新宿・丸の内両地区をともに活用すべきだとし、都庁舎の立地については明確に示されてはいなかった。

都庁舎に関して美濃部知事は、一九七四年四月に川添登、黒川紀章らを含む審議会を設けて、丸の内での改築を答申していた。しかし鈴木は、丸の内を改築していると完成までに十数年もかかり、その間の行政能率も悪くなるからと、丸の内での全面改築には否定的だった。そこで、シティ・ホール建設構想懇談会の答申を踏まえて、これらの決定については条例による建設審議会の設置が必要であるとして、八四年四月に、エコノミストで第二次大平内閣では外務大臣を務めた大来《おおきた》佐《さ》武郎《ぶろう》を会長に据えたシティ・ホール建設審議会を設けて再審議することとした。審議の結果、都庁舎は全面改築、場所については知事に委任するということになった。

鈴木自身は新宿移転を実現させたかったものの、都庁など都の事務所の移転には、法律上、議会における三分の二以上の賛成が必要だった。「反対派の説得に非常に苦労した。反対派は関係地域の選出議員が中心で政党単位のものではなかったので、大変さはいっそう増した」（同前）と鈴木は述懐している。

丸の内から新宿へ

一九八五年（昭和六〇）二月五日、鈴木は都議会与党の自民党、公明党、民主クラブ（新自由クラブ、民社などから構成）の三会派に対し、都庁と都議会を新宿に移転する意向を表明する。さらに、丸の内の跡地には都民ホールを中心とした一大文化センター、「東京国際フォーラム」を建設する構想を明らかにした。そして都庁舎の新宿移転のため、都庁の位置を定める条例案を都議会に提出する意思を示した。

鈴木は新宿移転を推進する理由について、次のようなメリットや意義を強調した。都心一点集中型の東京の都市構造から、業務機能を「多心型都市構造」に改める必要があり、東京の人口重心が杉並区にあることから、都民全体から見れば新宿のほうが便利である。丸の内での建て替えでは時間と経費がかかるが、新宿は淀橋《よどばし》浄水場の跡地で更地だから一度に建てることができるというものだった。

八五年九月、議会の議決当日、都議会議員一二七人のうち出席者は一一九人、賛成が八八人で反対が三一人だった。こうして「東京都庁の位置を定める条例」が可決されたのである。

「淀橋」と「角筈」

現在の光景から想像はつきにくいが、新宿西口には戦後まで、広大な敷地を占める浄水場があった。一九六〇年（昭和三五）、鈴木俊一が東龍太郎都政の副知事を務めていた時代に、新宿を「新都心」とする計画が議決され、この計画で新宿駅西口の約五六ヘクタールにおよぶ「淀橋浄水場」の跡地がその用地とされたのである。鈴木が新宿にこだわった理由は、ひとつには東京の東・西の格差の是正があった。また新宿は鈴木のアイデンティティである多摩への入り口であることも理由のひとつであったかもしれない。

「淀橋」はもともと青梅街道が神田川をまたぐ橋の名で、浄水場が設置された当時は、東京府豊多摩郡淀橋町（現在の西新宿、北新宿一帯）の地名でもあった。また淀橋は東京府東京市が三五区の時には区名にもなっていた。

このあたりは江戸時代には「角筈村《つのはず》」と呼ばれて、現在の新宿駅付近から高層ビル街、「熊野神社（角筈十二社《じゆうにそう》・熊野十二社）」までを含む地域だった。畑作中心の農村で、麦、稗《ひえ》、黍《きび》、蕎麦《そば》、芋、大根、煙草や菜種を栽培していた角筈村は、一八七一年（明治四）に東京府に編入、七八年に東京府南多摩郡角筈村となった。

現在、新宿中央公園の西北端に境内を構える「新宿十二社 熊野神社」は、応永年間（一三九四～一四二八）に紀州の出身でこのあたりを開墾した鈴木九郎が、紀伊国《きいのくに》熊野から三所権現《さんしよごんげん》、四《し》所明神《しよみようじん》、五所王子《ごしよおうじ》の十二所を勧請したとも、天文・永禄年間（一五三二～六九）に渡辺興兵衛が熊野権現を祀ったとも伝えられている。江戸時代の十二社は鬱蒼とした森に囲まれ、境内には滝があり、落ちた水が渓流となって流れていた。「十二社池」と呼ばれる大小二つの池の周

淀橋浄水場。1964年（昭和39）
（所蔵 新宿歴史博物館）

囲には茶屋や料理屋が建ち並び、景勝地としてにぎわったという。明治以降も花街として栄えたが、一九六八年に十二社池も埋め立てられてしまったのである。

近代東京の水道史

東京の水道に話を戻すと、政府は一八七四年（明治七）に、江戸時代以来続いてきた東京の上水システムを改良する検討を始めた。七六年には東京府も水道改正委員を設置し、水道改良の機運が盛り上がるなか、八六年に東京でコレラが猛威を奮った。死者は一万人近くにおよび、水源の多摩川流域ではコレラによる汚染物の流出騒動が起こって、この非常事態が近代水道創設を促進する契機になったのである。玉川上水や神田上水の水質検査がおこなわれ、水道システムの見直しも検討され、都心部への入口にあたる新宿に近代的な浄水場を建設する計画が一八九〇年に決定した。九八年一二月一日には、一日一七万立方メートルの水を鉄管の水道網で都心部に供給する最新システムの淀橋浄水場が竣工し、ここから本郷給水場を経て、神田、日本橋方面に近代水道が初めて通水されることとなる。

Ⅱ章でも述べたように、第二次大戦後の一九五七年（昭和三二）一一月、西多摩郡奥多摩町と山梨県北都留郡丹波山村、同県同郡小菅村にまたがる小河内貯水池が完成をみた。六〇年にはさらに、東村山浄水場が通水を開始したが、東京の水需要は、高度成長による人口の増加や産業の集中で増大の一途をたどる。東京オリンピックが開催された六四年の渇水騒動については、II章で取りあげたとおりである。東京の慢性的な水不足に対処するため、朝霞、小作《おざく》、三《み》園《その》、三《み》郷《さと》の各浄水場を新設し、既設の金町《かなまち》浄水場も拡張された。そして六五年三月、新宿副都心計画の具体化にともない、淀橋浄水場はその機能を東村山浄水場に移して廃止された。こうして一九六〇年代後半、淀橋浄水場の跡地とその周辺を含む九六ヘクタールの区域に道路や公園を整備し、官庁街、オフィス街、デパート、ホテル、商業施設などを有機的に配置する新宿新都心計画がスタートしたのである。

新宿西口広場

いまから半世紀前まで、新宿駅の「西口」は「広場」だと認識されていた。

新宿西口地域の開発工事は、淀橋浄水場の操業停止に先立って着工され、一九六六年（昭和四二）に西口広場、六七年に小田急新宿駅本屋ビル（小田急百貨店を含む）と地下駐車場が完成し、翌六八年に新宿中央公園が竣工した。構想に示されていたとおり、新宿新都心計画は駅への交通アクセスのための街路、広場と地下駐車場に加え、公園・宅地などを含んだ画期的な再開発計画だった。また千代田・中央・港の三区に集中している都市機能の分散・緩和という大きな目的もあった。

新宿駅西口のグランドデザインを描いたのは、一九五〇年代に渋谷駅東口開発で実績をあげた坂倉準三建築研究所だった。その設計・監理を担当した坂倉事務所の東孝光はその後、狭小住宅の先駆けとして評価される自邸「塔の家」（一九六六年）で注目を浴び、大阪万博では三井グループ館を設計している。

新宿西口広場では一九六九年六月二八日に、学生・市民による反戦集会「フォークソング集会」が機動隊と衝突して、強制排除されるという事件が起こった。六月二九日の『毎日新聞』朝刊は「ついに催涙ガス」「新宿の〝土曜ショー〟」「学生が群衆巻込み機動隊に投石」「交番も襲撃、64人検挙」という見出しで、多くの群衆が新宿西口広場の地上と地下を埋め尽くす写真を掲げてこの騒動を報じている。騒動は二八日の朝、新宿郵便局に郵便番号自動読取区分機が抜き打ち的に搬入されたことに対する抗議行動に端を発するもので、郵便局への自動読取区分機の導入には、それまでも全逓信労働組合が「反合理化闘争」を展開していたという。

『毎日新聞』の記事によると、新宿西口広場はこの日の夜、五〇〇〇人の学生と一万人を超す群衆にまたたく間に〝占拠〟された。そして学生たちは規制しようとする機動隊に投石したり、広場の地上と地下二か所にある交番の窓ガラスを割って、「荒れくるった」。この騒動で六四人が公務執行妨害、暴力行為の現行犯で検挙され、市民二人と警官一六人が負傷、新宿駅周辺は深夜まで混乱した。

騒乱事件が起こった日は、東京都議会議員選挙の告示日でもあった。

美濃部革新都政の中間選挙と位置づけられた選挙戦の初日にあたり、美濃部を支持する成田知巳《ともみ》社会党委員長、野坂参三共産党議長、反美濃部の田中角栄自民党幹事長が、新宿駅の東口広場で第一声をあげていた。このとき田中は次のような演説をしたと当日の夕刊は報じている。「二十五年前ガレキの中にあった新宿を今日の姿にしたのはだれか。それはあなたたち都民だ。そして安井、東都政、自民党の政策の結果でもある。暴力学生らをアジっている社会、共産党にはできないことだ」（『毎日新聞』一九六九年六月二八日夕刊）。

選挙の結果は、都議会第一党だった社会党が大幅に議席を減らし、自民・公明に次ぐ第三党に転落した。またこの騒動を境に、新宿西口広場での集会は禁止されることとなり、「広場」が「通路」になったと形容された。

新宿西口ではその後、百貨店や大型ビルの建設が相次いで進められ、一九七一年に新宿で最初の超高層ビルである京王プラザホテルが完成する。それに続けて七四年には住友ビル、ＫＤＤＩビル、三井ビルなど、二〇〇メートル級の超高層ビルの建設ラッシュが起こり、今日の西新宿の風景の原景を形づくっていったのである。

新都庁舎コンペ

一九八五年（昭和六〇）八月二二日発表の「東京都シティ・ホール建設計画基本構想」で示された新都庁舎の概要は、約四万三〇〇〇平方メートルの敷地に、超高層の本庁舎二棟と議会棟、都民広場を設け、延べ床面積は駐車場を含め約三六万平方メートル、総工費は一三六五億円というものだった。庁舎の設計者はコンペで選ばれることになり、一〇月二八日、元文化庁長官安達健二を会長に「東京都庁舎設計競技審査会」が設置された。大方の予想では、鈴木と関係が近い丹下健三が特命で設計するものとみられていたが、コンペになった理由は、下町を地盤にする都議会議員が新宿移転に反対したためだともいわれている。

東京都ではこれより三年前から、丹下健三の発案を受けて、委員会方式による都の記念碑的建築の設計者を選考してきていた。この選定委員会の委員は安達健二、伊藤鄭爾《ていじ》、沖種郎《たねお》、竹山実、穂積信夫、雨宮亮平、長谷川大で、そこに芦原義信、近江栄、菊竹清訓を加えて新たに選定審査会が設けられた。そこでの審査の結果、新都庁の設計者として、前川國男建築設計事務所、丹下健三・都市・建築設計研究所、坂倉建築研究所東京事務所（阪田誠造）、日本設計事務所（池田武邦）、日建設計東京本社（矢野克己）、安井建築設計事務所東京事務所（佐野正一）、山下設計（井上雄治）、松田平田坂本設計事務所（扇谷寿）の八社（括弧内は事務所名と代表者が異なる場合）を選定。さらにアトリエ建築家のなかから、槇文彦、磯崎新、黒川紀章らが候補にあがり、最終的に東大教授の槇は外され、磯崎が選ばれた。

設計趣旨文から見た応募者の考えかたについては、藤森照信が『丹下健三』のなかで明快にまとめている。

日本設計、前川、山下、日建設計は、都庁を「オフィスビル」と見なしていた。坂倉、松田平田坂本、安井は、都庁にシンボル性、記念碑性を認めるものの、坂倉は「周辺街区のビルとの連続性＝等質性と同時に、自立性＝異質性をもった外観としたい」と中庸を目指した。松田平田坂本と安井は、オフィスや防災拠点としての機能性を並べたあとに「東京のシンボルとしての象徴性」「東京のランドマークとなる造形」に言及したが、やはりオフィス第一だった。これらの提案に対して、磯崎は新宿西口の超高層ビル群を「商業活動に基づく高さ競争を引き起こしている」と否定し、「東京がかつて所有できなかった崇高性をもった空間」の創出をうたった。

また丹下健三も、趣旨説明文の冒頭で次のように述べていた。

> 設計にあたり、21世紀に向けて発展する東京の自治と文化のシンボルとなり、ふるさと

東京のシンボルとなり、国際都市東京のシンボルとなるものであることを目標にした。

5号地には、議会棟が広場を半楕円形に囲むように建っている。それは4号地に建つ第1本庁舎に対峙し、議会棟―広場―第1本庁舎―中央公園という新宿新都心の中心軸をつくりだすことにより第2本庁舎を含めたシティ・ホール全体のシンボル性を高めている。

（「東京都新都庁舎指名設計競技実施案」）

藤森は、「都庁は、オフィスビルなのかそれともシンボル性や崇高さを漂わす記念碑的建築なのか。丹下、磯崎のふたりだけは、オフィスにとどまらず人間の精神や感情を強く刺激する表現でありたいと考えていた」と指摘する。しかし、ふたりの具体的な方法は正反対で、磯崎は「街路化されたインテリア」で実現を図り、丹下は「あくまで外観と外部空間に力点を置く」ものだったという。

磯崎の新都庁案は、コンペの参加者のなかで唯一、一〇〇メートル以下の中層案だった。磯崎は低層に抑えることで、縦割り行政から横へのネットワークを促す「錯綜体」を模索したといい、四つの主ブロックのあいだに十字の吹き抜けを設けて、そこを市民のための「大広間」とした。

シティホールとは庁舎建築そのものではなくて、大広間であり前面の広間であるから、大空間をもった大広間そのものが象徴性を体現していると考えたため、高さを競うことも、そこに派手な衣裳をまとわせることもさけて、崇高性をもつような過剰な空間をこそ重視することにした。

（「超高層ではシティホールはなりたたない」）

このように磯崎の新都庁案は、鈴木が打ち出した「シティ・ホール」構想を批判的かつ建設、的に受け止めて提案されたものなのである。この磯崎案は、安易な超高層化を拒むひとつの見識として幾度も議論の俎上に上ったといわれるが、建築法規に適合しない計画であったこともあり当選案とはならなかった。

『私説東京繁昌記』で一九八〇年代半ばの東京を歩き、観察した小林信彦は、この本の増補新版を出すため八年後に歩きなおした。丹下の都庁舎が竣工して、二年も経たない時期である。

フリッツ・ラングの「メトロポリス」（二六年）に出てくるような大時代で巨大な新都庁舎は、税金の無駄づかい、タックス・タワーと批判されたが、なにも西口に建てる必然性はなく、とくに、道の上を建物が横切っているのが許しがたい。〈新宿副都心計画〉最大

建設中の東京都庁舎。1989年（平成元）
（所蔵 新宿歴史博物館）

の汚点というべきである。

新都庁舎にともなう様々な工事は、東京オリンピックいらいの強引さですすめられた。次女が新宿高校に通っていたので、多くの具体例をきいているが、ここでは省く。いずれにせよ、鈴木都知事の〈マイタウン東京（東京大改造）〉計画は、後藤新平の〈帝都復興計画〉の流れをくむ〈新宿副都心計画（これも戦後版はビルが高すぎるという欠点があるのだが）〉とは大きく異り、政府と軌を一にする大企業本位の計画であり、〈東京臨海部副都心開発〉へと暴走する。この大暴走は、〈ウォーターフロント計画〉の美名の下に続行中であり、〈東京一極集中〉と東京湾の〈自然破壊〉も進行している。

（『私説東京繁昌記』）

『新版 私説東京繁昌記』は一九九二年（平成四）九月に刊行されたが、東京人が当時の開発にどのような気分を抱いていたか、将来をどのように危惧していたかが、この時点で具体的に語られていたのである。

鈴木都政下にできた巨大建築群

現在では、鈴木都政の代名詞となってしまった「ハコモノ」についてもみていくことにしたい。

「東京都シティ・ホール建設計画基本構想」では、旧都庁舎の敷地のうち国鉄（現ＪＲ）路線西側の約三万平方メートルに、国際会議を開くことが可能な都民ホールとイベント会場などを総工費四六〇億円で建設するとされていた。さらに墨田区横網の両国駅の北側に江戸東京博物館、葛飾区亀有に地域病院、足立区東綾瀬に武道館、江戸川区葛西臨海公園内に水族館、豊島区西池袋に芸術劇場を建設する構想も発表された。またすでに構想されていた現代美術館を江東区内の木場公園に建設することが示され、凍結されていた都営地下鉄一二号線（大江戸線）の建設計画も浮上した。

旧東京都庁舎の跡地に建設された「国際コンベンションセンター東京国際フォーラム」は、一九九二年（平成四）一〇月九日に着工、九六年五月三一日に竣工し、九七年一月一〇日に開館した。舟形のアトリウム空間を持つガラス棟が目を見張るデザインは、日本で初めて国際建築家連合（ＵＩＡ）の基準にもとづく国際公開コンペで選ばれたラファエル・ヴィニオリによるもの。地下三階、地上一一階で、大小八つのホール、三三の会議室、美術館、店舗、レストランなどの施設を備える。「二〇二〇東京五輪」ではウェイトリフティング、同パラリンピックではパワーリフティングが実施される予定である。

両国国技館の東に建つ「東京都江戸東京博物館」は、一九九三年三月二八日に、江戸東京の歴史と文化にかかわる資料を収集・保存・展示することを目的に開館した。地上七階、地下一階の鉄骨造構造で、地上部分の高さは約六二メートル、菊竹清訓の設計による高床式の巨大な建造物は、周囲を圧倒するような印象を与える。両国駅操車場の跡地を利用したものだが、さらに遡ると、関東大震災で三万八〇〇〇人以上の犠牲を出した「陸軍被服廠跡」の一部である。

「東京都現代美術館」は一九九五年三月一八日に開館した。かつては貯木場だった東京都立木場公園の一角にあり、延べ床面積三三・五一五平方メートルという日本最大の美術館建築（分館を含めると二位）で、柳澤孝彦（ＴＡＫ）が設計した。

ＪＲ池袋駅西口広場に面する「東京芸術劇場」は一九六四年（昭和三九）三月に小金井市に移転した東京学芸大学附属豊島小学校の跡地を、六九年五月に東京都が国から取得して建てられた。東京都長期計画の財源枠の三〇〇億円で建設され、九〇年一〇月三〇日に開館した。

一九八九年に竣工した「東京武道館」は、足立区綾瀬の都立東綾瀬公園の草野球場の跡地に建つ。六角《ろっかく》鬼丈《きじょう》の設計による菱形を積み上げたような外観は、日本の自然の形象である「雲・海・山・人」をイメージしている。

一九五四年四月に徳川宗家の旧邸だった「葵会館」の跡地に竣工した東京都体育館は、五八年のアジア競技大会と六四年の東京五輪では体操競技、屋内プールは水球競技の会場として使用された。八六年に老朽化のため一時閉鎖し、九〇年に槇文彦の設計で「東京体育館」として全面改築されている。

　これらのうち東京国際フォーラム以外の施設の建設と立地は、都庁の新宿移転に反対する東京の下町、東部地域の都議、区長、区議会などに配慮したものだったともいわれている。

　東京国際フォーラム、江戸東京博物館、東京都現代美術館、東京芸術劇場に加えて東京都庁舎の五つの建築を、磯崎新は「粗大ゴミ」と評したことで話題となった。だがこれは、東京都が建築家に要求したプログラムに対する批判の側面も強かった。しかし鈴木は後年、「私のやったことでは箱物が目に付く。箱物、箱物とさかんにいわれるんですが、箱物ばかりやっていたわけでは、もちろんない」（『官を生きる』）とこうした批判に反駁している。鈴木都政では、道路や橋の建設といった公共投資もおこなったほか、多摩ニュータウンの開発を手掛けたことを鈴木自身は誇りにしていたのである。

3 臨海副都心開発

丹下健三「東京計画一九六〇」

鈴木都政にとって最大の目標は、明治以来懸案となっていた湾岸地区の大規模な開発だった。一九八五年(昭和六〇)、港区浜松町の世界貿易センタービルで「世界テレポート連合」の創立総会が開かれる。鈴木はこの総会で、細郷道一《さいごうみちかず》横浜市長、大島靖大阪市長とともに、テレポート設置構想を発表した。さらに鈴木は、衛星通信の地上局、通信と情報の処理を行うテレコムセンター、情報通信のサービスや高度情報通信システムの開発企業などが入るインテリジェントオフィスを東京港の埋立地に設ける意向を明らかにした。鈴木のほかにも、国土庁が東京湾西側の開発計画をつくり、そこにテレポートを入れる案を考えたり、通産省や建設省でも同様の提案がなされたという。政党では自民党が、民間の資本などを巨大プロジェクトに投じて民間活力の活用を図る「民間活力活用推進懇談会」(民活懇)をつくった。このうち八五年五月に国土庁が発表した「首都改造計画」と八六年の「第四次首都圏基本計画」は、首都圏における業務機能の分散を促す一方、東京都の役割として国際会議、国際見本市などの国際イベント機能や国際金融機能を挙げて、臨海開発を後押しした。

開発が手詰まりとなった陸地を湾岸に延ばしていく都市開発計画は、多くの建築家たちが提案してきたものでもある。

丹下健三が一九六一年に発表した「東京計画一九六〇」は、高度成長期の急激な人口増加に対して、中世以来続いてきた求心型放射状の「閉じた」都市構造が耐えきれなくなるとして、都心から東京湾を超えて木更津方面へと延びる新たな都市構造を提案するもので、建築業界を超えて衝撃を与えた。この計画で丹下は、

> 私たちは、都心という概念を否定して、都市軸という新しい概念を導入する。これは、求心的パターンの「閉じた系」そのものを否定することである。そうして線型発展を可能にする「開いた系」の軸を設定することである。そうして私たちは東京の構造を求心型放射状から線型平行射状に変革してゆくことを提案する。
> 放射状の原始生物から、線型の脊髄動物への、生物の進化の過程、また卵から脊髄が発

生してゆく生成の過程は、この発展方向の必然性を示してはいないだろうか。
（「東京計画──１９６０　その構造改革の提案」）

海上に都市を建設する案は、加納久朗の「加納構想」、菊竹清訓の「海上都市」、大髙正人の「海上帯状都市」など、それまでにもあった。そうしたなかで、黒川紀章による都市と建築とを有機的に統合する新たな交通システムや、磯崎新による複数のコアの間をオフィスがつなぐ「ジョイント・コア・システム」など、研究室の若いメンバーのアイデアを取り入れた丹下の提案は従来にはないもので、各方面から反響があったという。

「海上都市」について、ほかの提案を見ておくと、日本住宅公団総裁だった加納久朗は、一九五八年に、核爆弾で房総半島の山を崩し、その土砂や岩石で東京湾を埋め立て、新首都「ヤマト」を造ろうという奇想天外なアイデアを発表していた。黒川紀章の「東京計画１９６１―Helix計画」は、東京湾を埋め立てずに、杭基礎によって竹型や樹木型で垂直に伸びる構造体をつくり、それらを空中交通と地下交通で結ぶという構想だった。また菊竹清則の「海上都市１９６３」は、海の上に巨大な人工地盤を浮かべ、そこから海中と海上に円筒状の住居群を建設しようというものである。

ちなみに一九五七年に岡本太郎も、東京湾に「いこい島」というレジャーアイランド計画を発表していた。

太郎さんが考えた「夢の島」計画は東京湾の埋め立て地を文化やレクリエーションのための施設にして、過密化した東京に代わる第二の都市とするというものだ。丹下さんに話を持ちかけたらしいが、丸の内の東京都庁舎の実施設計などで忙しい。そこで新人の私がアトリエに通い、構想を図面に描くことになった。

わけが分からぬまま資料や地図を持ち込んでざっと下書きをする。すると太郎さんが「これは動物園だ」などと言いながら、ゾウやシカの絵を描きだす。スケールもなにもあったものではなく、伝統的な都市計画のあり方に照らすとすべてが常識はずれだった。そのうち丹下さんとの共同計画として発表すると言いだしたので、あわてて報告に戻った。ところが丹下さんは「まあいいよ、やらせとけ」と笑っている。

（磯崎新「私の履歴書」）

岡本は一九六〇年代にも、東京湾に人工島をつくり、そこに東京に不満を抱くものを住まわせる「おばけ東京」とも呼ばれる都市論を発表している。しかし、磯崎によると岡本のこうした計画は、「当時はたいした反響もないままに終わった」ということである。

「東京テレポートタウン」

このように一九七九年（昭和五四）に鈴木が都知事に就任して以来、臨海副都心開発の検討が本格的に始まった。具体的には七九年のマイタウン構想懇談会、八二年の「東京都長期計画」、八五年の「東京テレポート構想」、八六年の「第二次東京都長期計画」などである。

一九八六年一一月に発表した第二次東京都長期計画で東京都は、臨海副都心の本格的な開発に乗り出すことを明らかにする。この計画において東京湾の埋立地四四八ヘクタールに建設される臨海副都心は「未来型都市」であり、二一世紀初めの就業人口一〇万六〇〇〇人、居住人口六万三〇〇〇人、総建設費は当初、利子なども含め八兆円と見込まれた。

臨海副都心の中心施設は衛星通信基地の「東京テレポート」、ソフトウェア関連企業を集める「ＴＩＭＥ24」、ファッション産業の拠点となる「東京ファッションタウン」、展示場面積八万平方メートルで日本最大規模の国際展示場「東京ビッグサイト」、フジテレビ本社屋をはじめとしたマスコミを含む業務ビル、ホテルなどとされた。八七年三月におこなわれた東京テレポート構想検討委員会の最終報告では、開発規模は九八・三ヘクタールに増やされ、さらに都が同年六月にまとめた臨海部副都心開発基本構想では、開発面積は最終報告の四倍以上にまで広がった。このため七号地に五ヘクタールの海面を新たに埋め立てることとなった。

一九九〇年（平成二）の「第三次長期計画」ではテレポートを中心とする地域を、新宿や渋谷と並ぶ「第七の副都心」に位置づけた。この計画で具体的に想定されたエリアは、湾岸の一三号地その一、同その二、一〇号地その一と有明地区だった。東京テレポート構想検討委員会は、このテレポートには高度情報通信の発受信の施設を整備するテレコムセンターとともに、さまざまな情報通信関係の設備をつくるよう提案した。その名称は公募で「東京テレポートタウン」に決まった（なお塚田博康は『東京都の肖像』で、「都の決めた正式の愛称は「東京テレポートタウン」だが、役所の資料以外で使われているのを見た記憶は、ほとんどない」と証言している）。

テレポートタウンは四つの地区に分けて構想された。海が取り囲む「お台場地区」は商業、ホテル、文化、住宅街で、レクリエーションの地域として使う。その南の「青海《あおみ》地区」は、埠頭をさらに増設して整備する。その東の「有明北地区」は住宅・業務を中心とした地域に、「有明南地区」は国際展示場を中心としたコンベンション・パークとするという構想である。

都心部と臨海副都心を結ぶアクセスとして、新橋・豊洲間の新交通システム「ゆりかもめ」、新木場・大崎間の東京臨海高速鉄道りんかい線、レインボーブリッジを通る首都高速道路一二号線などが開通されることとなった。

お台場の歴史

テレポートタウン構想に組みこまれた「お台場」は、もともと江戸時代末期に外国艦隊から幕府が置かれた江戸を守るために建造された軍事施設だった。

一八五三年（嘉永六）に来航したペリー艦隊の開国要求に対し、幕府は海防の建議書を提出した伊豆韮山《にらやま》代官の江川英龍《ひでたつ》（通称は太郎左衛門、号は坦庵）に命じて、洋式の海上砲台「御台場」を建設させた。計画された台場のうち、第七は未完成、第八以降は未着手に終わり、しかも幕末の動乱で、一度も実戦に用いられることがないまま明治を迎えた。

完成した六基の台場は一八七三年（明治六）に海軍省の管轄となり、七五年に海軍省から陸軍省に所管が移った。その後、第三台場と第六台場は一九二六年（大正一五）に国指定の史跡となったが、灯台が設置されたり、造船所やカキの養殖場として利用されたりもした。一九四一年（昭和一六）五月に東京港が国際港として開港すると、船の通行に支障があるなどの理由から、二つの史跡を残して埋め立てや撤去されるなどして姿を消していった。

一九四〇万博開催予定地のその後

ここで一九四〇年（昭和一五）の開催が中止になった、万国博覧会会場予定地の戦後の変化を見ておきたい。

かつて月島四号埋立地と呼ばれた晴海地区には、一九五七年に日本住宅公団によって晴海団地が造成され、翌年には前川國男が設計した全一六七戸の「晴海団地高層アパート」（晴海団地一五号館）が建てられた。

住宅公団が集合住宅の高層化を見据えて建設したこの建物は、共用廊下とエレベーター停止階を各階に置かないスキップフロア方式を採用し、公団住宅としては初めてエレベーターを設けた。また外観やディテールには、前川の師であるル・コルビュジエの「ユニテ・ダビタシオン」との類似点が見られるという。現在は、市街地再開発によりオフィスタワーとマンションなどからなる「晴海トリトンスクエア」となっている。

月島五号埋立地こと豊洲は、戦時中は軍の施設として利用され、戦後になるとエネルギー供給地形成の目的で埋め立てが進んで、一九五八年に豊洲六丁目で東電新東京火力発電所が操業を開始した。一九八〇年代後半までは、工場や発電所、物流倉庫などが建ち、従業員向けの商店・社宅が町の中心だった。八八年に有楽町線豊洲駅開業、九二年（平成四）に豊洲センタービルが完成して区画整理が進み、住宅地や商業地への移行が進んだ。

第三・第六台場貯木場。1965年（昭和40）頃
（提供 東京都港湾振興協会）

二〇〇四年には、東京ガスの都市ガス製造工場（東京瓦斯豊洲工場）の跡地に豊洲市場が建設されることになったが、土壌汚染の問題が発覚するなど開場時期は何度も延期され、二〇一八年一〇月にようやく開場にこぎつけた。

4　世界都市博覧会

「東京で博覧会を」

東京都による万博構想は、都が基盤整備を進めている東京臨海部を舞台に、先端技術の粋を集めた国際博を開こうというものだった。東京都では、江戸開府四〇〇年に当たる一九九〇年（平成二）、東京湾開港五〇周年の一九九一年などを中心に大規模なイベントを開催する「東京ルネッサンス」計画が進められていた。万博構想もこの事業との関連からも浮上してきたのである。

一九八八年（昭和六三）二月二日に鈴木知事は、同年度当初予算案発表の際の記者会見で世界都市博覧会の構想を打ち出す。翌日の新聞は、「鈴木都知事『東京万博』に意欲」「社会資本整備に役立つ」という見出しで次のように報じた。

> 知事は、「東京オリンピックがすんだら万博をやろうということになっていた」と、まず「幻の東京万博」について熱っぽく語った。知事によると、当時の自民党副総裁との間で、東京と千葉の埋め立て地でやることになった。ところが、池田首相（当時）から、東知事（当時）に「万博は、大阪の佐藤知事（当時、故人〔正しくは左藤義詮。引用者注〕）が言っているから譲った方がいい」と説得されて結局、大阪になり、その事務総長を務めることになったと、〝秘話〟を語った。
>
> そのうえで、「東京で万博をやりなさい」と勧めてくれる意見もあると披露、「万博をやると、社会資本整備には大変いい」とも語った。
>
> （『読売新聞』一九八八年二月三日朝刊）

同年九月には、都知事の私的諮問機関である東京ルネッサンス企画委員会が、一九九四年春の博覧会開催を提言し、一二月には丹下健三を座長に据えた「東京世界都市博覧会基本構想懇談会」が設けられた。翌八九年七月にはこの懇談会が、世界都市博覧会をたんなる博覧会ではなく「東京フロンティア」とするように報告し、九〇年三月にはその準備と開催運営をおこなうため、「財団法人東京フロンティア協会」（会長は平岩外四《がいし》経団連副会長）が設立されて基本計画や方針が決定された。

> 私が知事三期目を務めていた昭和六三年、これまで都で行ってきたさまざまな文化事業をシリーズ化し、体系的に文化の発掘と創造をしようということにし、東京ルネッサンス企画委員会（芦原義信座長）に検討をお願いした。委員会では、イベントシリーズの展開とともに、それらの活動の締めくくりとして、平成六年にこれまでにない新しい形の博覧会を、当時開発進行中だった臨海部で行うことを提言した。（略）東京には、「東京で博覧会を」という気運が戦前からあった。だからこの提言は、東京の悲願の博覧会の実現をも目指すものとなっていたのである。
>
> （『回想・地方自治五十年』）

「東京で博覧会を」。大阪万博を成功に導いた鈴木は東京の夢を実現させるとともに、都知事として自らの手で博覧会を実行しようとしたのである。

なお世界都市博は、国際博覧会条約（BIE条約）に基づく国際博覧会、万国博覧会ではない。BIE条約に基づく博覧会をおこなうには開催を希望する政府が博覧会国際事務局（BIE）に申請（立候補）し、総会で承認される必要がある。現在、国際博覧会は登録博覧会（登録博）と認定博覧会（認定博）の二つに大別され、当時は「一般博」と「特別博」に区分されていたが、東京フロンティア以来、世界都市博は国際博覧会として申請されていない。

多摩地区の開発

東京ルネッサンス企画委員会では一九九三年（平成五）に、江戸・東京四〇〇年と多摩地区（西多摩郡、南多摩郡、北多摩郡）の東京移管一〇〇周年の記念事業、「TAMAらいふ21」を企画し開催した。九三年は鈴木が内務省時代に携わった東京都制施行五〇周年でもあった。また多摩地区は、少年時代を過ごした鈴木にとって思い入れが深い地域だったことだろう。

鈴木が生まれ育った東京都昭島市は多摩川の左岸に位置し、昭和の初めまでは農村地帯で、近世以来の九つの村を母体に市が形成された。江戸時代から養蚕がさかんで、生糸の価格が上昇した大正時代に最盛期を迎えた。なかでも蚕種（カイコの卵）は、東京府内の生産高の三割近くを占めるほどだったという。

九三年七月三一日から一一月七日までTAMAらいふ21の中心イベントとして、「多摩21くらしの祭典　VOICE93」が立川市の昭和記念公園で開催された。「六〇〇万とか七〇〇万人とかいっていたのが、三六〇~三七〇万しか入らなかったんですかね。でも多摩としてはああいう経験を初めてして、非常に喜んでいたんです」(『官を生きる』)。

鈴木にとって世界都市博覧会は、東京ルネッサンスの締めくくり行事として位置づける期待もあった。そして東京ルネッサンス企画委員会は企画を実行する段階で「東京ルネッサンス推進委員会」となり、会長には鈴木が就任したのである。

「アーバン・フロンティア・ムーブメント」

今度の新しい臨海部は私にとって三つ目の経験なんです。似たような経験に東京オリンピック、大阪万国博というのがあります。これは一時的な事業ではあるんですけれど、今度の臨海の方は、世界都市博というのをやろうといったのですが、それは前二者とちょっと違う。今までの博覧会は仮のパビリオンをつくって、博覧会が半年で終わったら、それをみんな壊すということが国際博覧会条約による大原則なんです。ところが世界都市博と

> いうのは、実物博覧会。臨海副都心に例えば国際展示場というものができた。こういうものを活用して、そこにいろいろな出展物を展示する。そして、都市としての臨海副都心のいろいろな施設を博覧会に来た人が見聞し、飲食をし、泊まって体験をして帰る。そういうものにしたいというのが、堺屋太一君の発想であり、丹下健三氏などもそれに賛成した。
>
> （『官を生きる』）

丹下が世界都市博構想のことを、「アーバン・フロンティア・ムーブメント（都市先端建設運動）」だと表現したことに、鈴木は強い関心を抱いた。そのなかに「フロンティア」という言葉が入っていたのが大きな理由だった。鈴木は東大時代に、東京帝国大学法学部の米国憲法・歴史及び外交講座の初代担当者だった高木八尺《やさか》の、「米国憲法及び政治史」という講義を熱心に聴いていた。

高木がいうには、新教徒は英国から逃れてきて東海岸にたどり着き、西へ西へと進んでいって先住民族であるネイティブ・アメリカンを追い上げ、太平洋岸まで植民地を築いた。その第一線がフロンティアであり、アメリカの憲法と政治の発達史はフロンティアの西漸の歴史であるというものだった。

> 海のほうへずっと街が延びていくのもフロンティア思想に基づくものである。日本は宮崎に天孫降臨をして、東へ東へと来た。日本のフロンティアは東漸運動だといえる。アメリカのフロンティアは西漸運動。西か東かは違うけれども、とにかく地方自治の第一線というのはフロンティアである。そのフロンティアをいかに開発し、いかに立派な街に育て上げていくかというのがアーバン・フロンティア・ムーブメントの考え方だ。そのアーバン・フロンティア・ムーブメントを東京の臨海部でやろうとしているのが東京臨海副都心の開発で、その引き金になるものとして、私は世界都市博を位置づけていた。
>
> (『回想・地方自治五十年』)

つまり鈴木は、アメリカ合衆国建国という大時代的な出来事をどこか念頭において、現代の東京の発展の参考にしていたようなのだ。その理想の壮大さはともかく、東京オリンピックや大阪万博と同じ手法を、臨海副都心でも採用していったのである。

鈴木都政四選への障害

鈴木都政は一九八七年(昭和六二)に始まった三期目以降、都庁舎の丸の内から新宿への移転をはじめ、東京国際フォーラム、江戸東京博物館、東京臨海副都心の開発などハコモノ行政の財源として多額の起債を発行した。その結果、都の財政は再び赤字に転じ、美濃部都政を下まわる水準にまで悪化した。

一九九一年（平成三）の都知事選で、鈴木は小沢一郎自民党幹事長の立候補不支持に抗し、自民・民社都連の推薦で八一歳での四選出馬を決断した。一方、自民、公明、民社は、NHKの元ニュースキャスターの磯村尚徳《ひさのり》を擁立、共産党推薦の畑田重夫、社会党推薦の大原光憲《みつのり》、無所属の内田裕也、浜田マキ子、中松義郎らも出馬を表明し、都知事選は一六人で争われた。

この選挙戦では臨海副都心開発が争点として浮かび上がり、公明党は業務ビル中心の開発のあり方などを批判し、住宅建設を大幅に増やすように主張した。磯村も臨海副都心計画の全面見直し、東京フロンティアの一時凍結を訴えた。しかも鈴木まで見直しを口にしたため、臨海開発は争点として霞んでしまった。

世論調査では、「中央対地方」「東京の自治」をうたった鈴木の訴えが浸透し、また自民党の強引な鈴木おろしに反感を持つ都民も多かった。鈴木が高齢批判に対して「真向法《まつこうほう》」で鍛えた前屈運動を披露すると、磯村が銭湯で背中を流させるなどパフォーマンス合戦も目についた。

四月七日におこなわれた投票の結果、八五万票の大差をつけて鈴木が四選を果たし、磯村擁立を強行した小沢は幹事長を辞任した。選挙後に東京都議会では社会党が知事与党に加わり、鈴木都政の四期目は、事実上のオール与党体制で運営をおこなうこととなった。

東京フロンティアの再検討

東京都議会では都知事選に先立つ一九九一年（平成三）三月、臨海副都心開発計画および東京フロンティア計画について、「臨海副都心における住宅供給のあり方」「開発スケジュールの見直し」「東京フロンティアの開催時期等の見直し」「環境問題に対する配慮」などを中心とした議論がおこなわれていた。その議論の結果、平成三年度臨海副都心開発事業会計予算案が否決され、事実上計画は凍結され、再検討が求められていた。計画の見直しは臨海副都心開発の遅れと、都知事選の鈴木支持分裂のあおりを受けたものでもあった。

鈴木自身も、「具体的にはどのようにして都市づくりの過程を見せるのかという問題があった。テレコムセンター等の建設現場を見せても、期間中に都市ができあがるまでの変化がすべて見られるわけではない。観客は、その建設過程のある時期の断面を見、そこから都市造成の推移を想像するだけである」（『回想・地方自治五十年』）と述懐する。

再検討の要請に対して鈴木は、都庁内に高橋副知事を委員長とする「臨海副都心開発等再検討委員会」を設けて見直しを進めた。そして一一月に、開発の日程を二年間遅らせ、住居を一〇〇〇戸増やし、世界都市博覧会も二年遅れの九六年に開催するといった見直し案を公表した。こうした対応により平成三年度の臨海開発の補正予算が可決され、予算の凍結は解除されることとなった。

再検討を経たうえで、東京フロンティアは、世界が「都市の未来をともに考え、提案する」ことを目的とし、会議や展示を中心とする博覧会として実現可能な形を具体化していくことになった。そして、博覧会のメインテーマは「都市・躍動とうるおい」とし、会場はテレコムセンターを中心に開発される東京テレポートタウン、開催時期は東京テレポートタウンの都市活動が始まる時期に合わせた九六年三月二四日から二〇四日間とした。

博覧会の開催総経費は約二〇〇〇億円と見積もり、半分の一〇〇〇億円は会場設営・運営経費として主催団体である東京フロンティア協会が負担、東京都の持ち出しは協会への補助金を含め八三〇億円を見込んだ。都議会与党の幹部からも財政難のなかでの開催に危ぶむ声が聞かれたが、実務的な検討が進むなかで、三〇〇〇万人を見込んだ来場者も、臨海副都心への輸送機関の能力や会場の整備を考慮して二〇〇〇万人程度に落ち着いた。

5　開催中止へ

世界都市博覧会

鈴木都政の四期目は、バブル崩壊の影響もあり財政がさらに悪化、東京フロンティアも計画縮小、二年延期と見直したうえでも、博覧会の開催に対して批判的な空気が広がっていった。そうした状況下で、東京フロンティアが「世界都市博覧会」として再浮上したのは、環境デザイナーの泉眞也や西洋史学者の木村尚三郎《しょうざぶろう》などが総合プロデューサーに就任した一九九三年(平成五)ころからだった。

なお都市博には、高度情報社会に向けて、マルチメディアの実験をする博覧会をめざすという側面があった。東京都は郵政省(当時)、民間企業と共同で、当時建設中のテレコムセンターにマルチメディアの実験センターを置き、光ファイバー・ケーブルや衛星通信によって会場と都庁、都立病院、学校、住宅、オフィスなどを結んで、次世代CATV、ビデオ・オン・デマンド、オンライン・ショッピング、カラオケ・オン・デマンド、遠隔教育、遠隔健康相談、旅行予約などの実験を計画していたという。現在では、都市博のこうした側面を評価する声もある。

この年の一一月には、政府が都市博に出展する団体・企業に対し、「必要な協力を行う」ことを閣議了解し、出展企業に対する税制上の優遇措置も認められることとなった。九四年九月には前売り入場券の発売を開始し、一〇月には村山富市首相も出席して都市博の会場建設起工式がおこなわれ、一二月には企業パビリオンの工事がスタートした。そのようななか、一九九五年の東京都知事選挙に、鈴木は高齢を理由に五選不出馬を表明する。

鈴木の後継者として、内閣官房副長官を務めた石原信雄が出馬し（自民、社会、さきがけ、自由連合、公明推薦）、経営コンサルタントの大前研一や元出雲市長の岩國哲人《てつんど》、社会党を離党した元衆議院議員の上田哲、前参議院議員の青島幸男らも立候補の声をあげた。

鈴木が推進してきた世界都市博覧会は、この都知事選の大きな争点となった。バブル崩壊後の不況下で、二五を予定していた民間パビリオンは一二しか集まらず、二〇四日間に二〇〇〇万人を集める計画も疑問視された。九三年に開催された「多摩21くらしの祭典　VOICE93」の不入りも、都市博開催への不安を助長した。

さらに都知事選を約三か月前に控えた一月一七日に阪神・淡路大震災が発生し、三月二〇日にはオウム真理教による地下鉄サリン事件が起こるなど、騒然とした空気のなかで選挙は戦われた。投票は四月九日におこなわれ、都市博中止を公約に掲げた青島幸男が石原信雄に四六万票の大差で圧勝したのである。

「サリンまいたようなもの」

第一三代東京都知事に就任した青島幸男は、当選当初、都市博中止の公約を貫き通す姿勢でいた。しかし、知事就任の段階で、都と主催団体の東京フロンティア協会は二一二億円を支出済みで、九五年度予算にも五九五億円を計上し、都議会で認められていた。

民間パビリオンは一部がすでに着工したほか、展示物の製作も進行。国連をはじめニューヨーク、パリなど海外五〇都市、全国の都道府県、政令指定都市、都内の区市町村などが参加の準備を進めていた。博覧会には経済効果だけでなく、消費の誘発など波及効果への期待もあった。四月一一日に青島は、「規模を三割縮小したほうが財政負担が軽いということになれば、やってもよい」と軟化したものの、その三日後には改めて中止の意向を示した。五月一八日に開かれた東京都議会では、都市博開催の是非を問う異例の記名投票がおこなわれ、賛成一〇〇、反対二三という結果が再度、青島の決断を鈍らせることになる。

五月三一日に青島知事は、「撤回という公約を守ることが都民に対する私の政治責任として優先されるべきであり」「公約を翻すことは都民の私に託した期待を裏切ることとなり、都民の政治不信を決定的なものにし、ひいては民主主義の危機に繋がるのではないか」という理由で中止を決断した。

翌六月一日の『朝日新聞』朝刊は、「サリンまいたようなもの。とんでもない　鈴木前知事激しく批判」という見出しの記事を掲載した。世界都市博の中止決定を聞いた鈴木は、激しい口調で青島幸男知事の決断を批判したのである。

杉並区の自宅前で報道陣にコメントを求められた鈴木は、「サリンでもまいたようなもの。本当にとんでもないことだ」「遺憾千万ですな。百メートル競走を終盤でやめるようなもので、尋常の頭脳では考えられない」と一気に語った。背広の胸には都市博のバッジをつけ、「候補者の公約は不特定多数が相手で、都知事としての約束でもない」「一兆七千億円の波及効果、九万人の雇用創出がなくなる損害は、賠償金なんてちっぽけなものではない」と、憤りを抑えきれないようすで、身ぶりを交えて話し続けたという。また一方で、「中止といっても、私はできないと思う。もう動いちゃっているんだから」という見方も示し、「（議会の反対は）圧倒的なんです、執行部だけでは（都政が）動かないのは当たり前」などと鈴木は述べた。

鈴木の怒りを伝える記事の右には、「「未来都市」槌音消えた　中止決断の都市博予定地」という見出しで、パビリオンの建設工事が中止されて埋立地には砂ぼこりが舞っているという記事が載る。また見開きを挟んで、「サリン製造　高価機材ほとんど使えず　悪臭騒ぎで「手作り」に」という記事が掲載されていた。同じ日の『読売新聞』朝刊でも、「都市博中止の決定とともに、「あと〇日」の数字も消えた（31日午後1時32分、東京・銀座4丁目で）」という説明付きの写真と同じ見開きに、「5月16日朝、麻原容疑者ここにいた　潜伏の小部屋」「叩くと空洞の音　壁を破った　わき腹と長い髪が現れた」と、麻原彰晃が潜んでいた第六サティアンの隠し部屋の状況を詳しく報じている。

都市博開催中止

『東京新聞』七月二〇日の朝刊に掲載された都民の政治意識調査では、都市博中止を支持するものが六一パーセント、不支持が一五パーセントだった。無党派層では支持が七〇パーセント、自民党の支持者でも四〇パーセントが中止を支持し、不支持の三一パーセントを上回った。青島知事の支持率も七〇パーセント台という高い数字だった。

鈴木は都知事選とその後の事態について、二年後に次のように語っている。

結局、この世界都市博覧会は、現知事によって開催中止になった。この世界都市博を推進してきた私には、断腸の思いである。しかし、中止による歯止めが心配された臨海副都心の開発は着々と進められており、赤字の予想された「ゆりかもめ」も増発に次ぐ増発で大幅にダイヤを書き換えている。有明テニスの森公園は、家族連れなどでにぎわっているし、《文化施設とショッピングのまち》と銘打ったお台場は、若者を中心ににぎわいを見せ、今や東京の新しい名所である。ゆりかもめの終着点にある国際展示場「ビッグサイト」も、稼働率七五パーセントと、さまざまな催しに利用されている。この様子を見るにつけ、予定どおり都市博が開催されていれば必ず成功し、臨海地区は現在よりもっと活力に満ちたまちになっていただろうという思いが浮かび、非常に無念である。

（『回想・地方自治五十年』）

開発の見直しを掲げ、世界都市博覧会の中止を決断した青島も、臨海副都心の開発計画を完全にストップさせたわけではない。一九九九年（平成一一）に石原慎太郎が都知事に就任すると、開発事業を推進する方向で動き、鈴木の後押しで本社屋を移転したフジテレビをはじめ施設も増えていった。世界都市博覧会のアクセス線として構想された「ゆりかもめ」は、博覧会の中止により四〇億円の赤字を出すと言われていたが、開業すると乗客は順調に増加し、黒字経営の路線となった。

　鈴木は二〇〇八年に地域や国家の発展に寄与した人物を称える第二回後藤新平賞を受賞し、九月一一日の授賞式では車いす姿でスピーチした。鈴木はそれから二年後の二〇一〇年五月一四日、杉並区永福の自宅で死去した。九九歳だった。

夢の跡地

　一九九六年（平成八）に予定されていた世界都市博覧会が中止になったあと、パビリオンが立ち並ぶはずだったお台場の会場予定地は、更地の状態がしばらく続いていた。荒涼とした予定地の向こうには、いかにも近未来的な丹下健三設計のフジテレビ本社ビルが見え、その光景は風情を醸し出していた。写真家の荒木経惟はお台場の空き地に女性を立たせて、東京の世紀末の風物のように撮影した。こうした写真はヨーロッパでおこなわれた荒木の個展で、欧米人に好評を博した。彼らは、荒木が撮影した湾岸風景のなかに、新しい「ジャポニズム」を読み取ろうとしたのだろう。

　一〇年程前から目にする機会が多くなった「クール・ジャパン」も、フラットかつ艶《あで》やかな〝江戸〟的文化と、現代の日本のカルチャーが地続きであることを前提に楽しみ、愛《め》でようとする意識が根底にある。さらにそこには、キッチュや皮肉な笑いもともなうことだろう。リドリー・スコット監督の『ブレードランナー』の猥雑な未来都市が、〝シンジュク〟をイメージしていることを多くの人が認識し得たのは、こうした文脈を共有していたからだろう。

都市博中止が発表されてから約一年後の一九九六年五月、荒木は当時平凡社から刊行中だった個人全集の第六巻『東京小説』を発表している。荒木の東京写真を集大成した二八七ページにおよぶ分厚い写真集の最後の一枚は、不穏な空の下、テレコムセンターの向こうにフジテレビ本社ビルが見える、臨海の光景だった。なおこの写真集の解説は磯崎新による「小説をひとり語りするシャーマン」という文章である。

都市博には、先述したように「高度情報社会に向けて、マルチメディアの実験をする博覧会」という側面があった。これに対して、Ⅲ章で丹下健三論を紹介した松山巖は、都市博中止決定の直後に、こんなふうに語っていた。

> 都市博以前の、テレポート構想についても、これは情報化社会の中で新しい都市をつくる必要性から出てきたのですが、現実にオフィスは今や余っている。それに、本当の情報化社会であれば、必ずしも固定された土地にオフィスをつくる必要性はないのではないか。つまり、土地・建物という土木的な政策と、情報化との間には、矛盾があるのです。

（「世界都市博覧会とは、いったい何だったのか。」）

松山が抱いた、情報化社会の到来と土木的イベントとの矛盾、あるいは新しい時代にオフィスは必要であるのかという問題提起は、四半世紀近く経ったいま、いっそう現実的なものとなっている。しかし一方で、都市博が開催されるはずだったお台場は順調に発展し、楽天的で空虚な歓声が聞こえてくるばかりだ。そして、鈴木が抱いた開発の夢はかなわずに終わったが、博覧会の誘惑は人々を捉えて離さず、都市博が中止になったあとも繰り返し浮上していくのである。

新国立競技場（撮影 筆者）

V　二〇二〇東京五輪

都市博が中止になったあと、東京・大阪と並ぶ日本の中核自治体・名古屋市の近郊で、「愛・地球博」（「愛知万博」とも略称される。正式には「二〇〇五年日本国際博覧会」）が開催された。名古屋市東部の丘陵地帯、長久手《ながくて》町（現・長久手市）、豊田市と瀬戸市でおこなわれたこの博覧会は、二一世紀最初の国際博覧会（ＥＸＰＯ）で、日本では一九七〇年（昭和四五）に開催された大阪万博以来の二回目の大規模な国際博覧会（旧・一般博、現・登録博）だった。

メインテーマに「自然の叡智」、コンセプトに「地球大交流」を掲げた「二〇〇五愛知万博」は、二〇世紀までの「開発型」「国威発揚型」が中心だった国際博覧会から、「人類共通の課題の解決策を提示する理念提唱型」の新しい形の万博を実現したと主催者は評価する。しかし、環境に対する負荷は決して少なくなかった。

二一世紀の五輪と万博

二〇一三年（平成二五）九月七日、日本時間の八日にブエノスアイレスで開かれた第一二五次ＩＯＣ総会で、二〇二〇年夏季五輪開催の立候補都市による招致演説とＩＯＣ委員による投票がおこなわれた。最終選考に残ったイスタンブール（トルコ）、東京、マドリード（スペイン）の三都市から、最初の投票でマドリードが落選し、決選投票で東京での開催が決まった。

東京都は二〇〇九年まで、当時の都知事石原慎太郎の提唱で、二〇一六年夏季オリンピック招致の構想を抱いていたことがあり、もし実現すれば、二一世紀で日本初の開催となるはずだった。しかし、二〇〇九年のＩＯＣ総会で落選し、招致に失敗していた。その後、一一年に四選を果たした石原が二〇二〇年五輪への立候補を表明し、石原の退任後は新都知事である猪瀬直樹に構想が引き継がれていたのである。この間に東日本は大震災に襲われていた。このため二〇二〇年五輪開催の趣旨のひとつに「復興五輪」が掲げられていたのだが、いまとなっては大義名分にすぎなかったようである。

万博に目を向けると、二〇一八年一一月二三日にフランスのパリで開かれたＢＩＥ総会では、バクー（アゼルバイジャン）、大阪、エカテリンブルグ（ロシア）を候補に投票が行われ、二〇二五年国際博覧会の開催地が大阪に決まった。一九七〇年の大阪万博と区別するため、略称は「大阪・関西万博」となった。

日本での国際博覧会開催は二〇〇五年日本国際博覧会（愛・地球博）以来二〇年ぶりで、大阪で開催されるのは登録博（旧・一般博）としては一九七〇年に開催された日本万国博覧会以来五五年ぶりとなる。

「二〇二〇東京五輪」をめぐる騒動

「二〇二〇東京五輪」は、半径八キロメートルの圏内に八五パーセントの競技会場を配置する〝コンパクトさ〟を開催ビジョンに掲げた。このため新たに施設を建造するのではなく、既存施設の活用が求められた。そうした目標のなか、「一九六四東京五輪」のメイン競技場だった国立競技場を解体して、同じ場所に新しい競技場を建設することとなった。そしてこの競技場はコンパクト五輪の目玉になるはずだった。

二〇一二年（平成二四）七月二〇日に日本スポーツ振興センターは、「新国立競技場」（当時は仮称）デザインの国際設計競技の詳細を発表し、公募を開始した。同年九月二五日の締め切りまでに集まった国内一二点、海外三四点の計四六点のなかから、一〇月三〇日に一次審査に残った一一作品が発表され、一一月一五日に発表された最終審査結果でイラク出身の建築家ザハ・ハディドが経営するイギリスのザハ・ハディド・アーキテクトのデザインが「最優秀賞」を受賞した。ザハ・ハディドには賞金の二〇〇〇万円が贈られ、彼女は基本設計・実施設計・施工のそれぞれの段階で「監修」に当たることになった。なお、コンペでは「実施設計者」は選ばれなかったが、その後ザハ・ハディドは、デザイン監修者として監修料一三億円で日本スポーツ振興センターと契約し、設計自体は日本の設計者が担当することになる。

ザハ・ハディドの新国立競技場は、デザインの斬新さに注目が集まった一方で、その巨大さと建設費・維持費が多額であることが問題になり、二〇一三年一一月に約二五パーセントまで予算規模が減らされ、デザインにも変更が加えられた。

二〇一五年七月八日、有識者会議の第六回で総工費二五二〇億円の計画が承認され、同年一〇月の着工が決まった。しかし、七月一七日に安倍晋三首相が、コストの膨張や国民・アスリートたちから批判があがったことを理由に、建設計画の白紙化と、一九年九月に開催するラグビーW杯の新競技場での開催断念を表明した。そのため、一二月二二日には再コンペが実施され、応募された二案のうち、大成建設・梓設計・隈研吾のチームによる案が選ばれた。

白紙化された競技場案

ザハ・ハディドの新国立競技場案は、かつての国立競技場を見慣れたものにとって、斬新で大胆なものだった。それどころか、これまでの日本の競技場の概念を覆すスケールで、そのデザインは挑発的ですらあると見られたのである。

莫大な建設費と維持費、五輪閉幕後の活用方法にかんする論議とともに、規模も含めたそのデザインが、地域の景観を損ねるのではないかという批判も沸いた。

ザハはもともと、一九八〇年代に鋭角的なデザインのディコンストラクティズム（脱構築主義）の旗手と注目を浴び、一九九〇年代からはコンピュータを活用した流動的な空間に作風を転換して、現代建築の第一線で活躍していた。新国立競技場案は、建築評論家の五十嵐太郎によると、一見過激に見えるが左右対称の形態で、彼女の通常の作品よりも抑えたデザインだという。

> ザハの事務所はデザイン監修の立場だったが、外観を提案して終わりではなく、コンペで選ばれたあとも設計JV（引用注：日建設計、梓設計、日本設計、オーヴ・アラップ・アンド・パートナーズ・ジャパン設計共同体）と議論しながら、景観やコストに配慮した設計変更に対応するなど、本腰を入れて関与した。彼女にとって、構造と意匠の統合において新しいステージになる作品だった。日本にとっても、今後の主流となるコンピュータ時代の本格的な設計と施工に挑戦するチャンスだった。
>
> にもかかわらず、メディアでは、エキセントリックで身勝手な女性建築家というイメージで流布された。
>
> （「建築可能であったプロジェクト」）

コンペで最優秀賞を受賞した当初案は、東京に宇宙船が舞い降りたようだともいわれたが、私には巨大な昆虫か甲殻類が神宮外苑に這いつくばっているようにも見えた。この奇妙な〝生命体〟は神宮外苑の歴史を異化するものではないかと好意的に捉えていたのである。

こうした議論のさなか、建築界の人々が集うホールで、賛否の立場から意見を述べ合うシンポジウムが開かれ、私も足を運んだ。そこで、ザハ案に否定的な論陣を張る巨匠建築家が、スクリーンを用いて自案をプレゼンする際、日本の四季を「花札」のような意匠を使って説明するようすを見て、生々しい土地の記憶との隔たりを強く感じさせられた。

再コンペで選ばれ、竣工にまでこぎつけた隈研吾設計の国立新競技場は、ふんだんに木材を使用し、「和」のイメージを強調したデザインになった。しかし、ザハ案のインパクトにはおよばず、環境や景観に対する配慮はうかがえるものの、デザイン的な必然性や表現性は乏しいのではないか。

二〇二五万博をめぐる経緯

大阪府と大阪市は二〇二五年万博の開催地に決まっている夢洲《ゆめしま》で、カジノを含む統合型リゾート施設（ＩＲ）の誘致をめざしている。短期間に経済効果をもたらす万博と、恒常的に運営されるＩＲの相乗効果による開発や活性化を狙ってのことだろう。

大阪湾に浮かぶ夢洲・咲洲《さきしま》・舞洲《まいしま》など人工島の開発が始まったのは、一九五八年（昭和三三）に咲洲地区のフェリーターミナル周辺地の埋め立てからである。一九八五年には国際見本市会場が港区朝潮橋から移転し、「インテックス大阪」として開場した。その後は、一九八八年に「テクノポート大阪」計画が策定され、咲州にワールドトレードセンターなどが建設されたが、バブルの崩壊などにより開発は停滞した。

大阪市は一九九〇年代に入ると、二〇〇八年（平成二〇）夏季五輪の開催地に名乗りを挙げ、横浜市との国内投票で勝利し、日本の開催候補都市となった。しかし、二〇〇一年七月に行われたＩＯＣモスクワ総会で、一回目の投票で六票しか集められず、最下位で落選した（開催地は北京に決定）。五輪誘致の際には、舞州と夢洲を、会場や選手村にする計画が立案されていたため、夢舞《ゆめまい》大橋や夢咲《ゆめさき》トンネルなどを建造したが、誘致の失敗は大阪府や大阪市の財政を圧迫することとなった。

二〇〇九年には大阪府・大阪市・経済団体が共同して、夢洲・咲州地区の活性化を目的にした「夢洲・咲洲地区まちづくり推進協議会」を設置。そして二〇一六年九月二一日、当時の松井一郎大阪府知事と吉村洋文《ひろふみ》大阪市長は、国際博覧会開催候補地を夢洲に一本化することを決定した。

開発と翻弄の歴史

「一九六四東京五輪」は代々木や青山・渋谷の風景を変貌させ、「一九七〇大阪万博」は千里丘陵の開発を促進した。しかし「二〇二〇東京五輪」で新設されたのは国立新競技場ぐらいで、既存の施設を中心に競技がおこなわれる。二〇二五大阪万博・関西万博は、新造された「郊外」ともいうべき、臨海部の発展に主眼がおかれている。

二〇一九年（平成三一・令和元）にＮＨＫで放送された大河ドラマ「いだてん」は、本書で大きく取り上げた二つの東京五輪をめぐるドラマだった。しかし、第二部の主人公である田畑政治との関係の薄さのためか、一九五九年（昭和三四）から六七年まで東龍太郎都政で副知事を務めた鈴木俊一は登場しなかった。アスリートの活躍をコンセプトの中心に据えた脚本にとって、鈴木はあまりに政治的な存在だったからかもしれない。

バブルが崩壊し、都市博が中止になって以降、高度経済成長時代のような「開発の夢」はもう見られないのだろうか。

こんな思案にとらわれているさなか、「二〇二〇東京五輪」が延期される事態となった。

二〇一九年の一二月以降、中国湖南省武漢で発生した新型コロナウイルスによる感染症（CO-

VID−19）は二〇二〇年に入って日本にもおよび、世界的大流行、パンデミックを引き起こした。二月になるとオリンピックの延期や中止が取りざたされるようになり、三月には欧米での感染症が拡大、三月二四日、安倍晋三首相とトーマス・バッハＩＯＣ会長が電話で会談し、一年の開催延期（二〇二一年開催）が決定した。また、大会名称は「ＴＯＫＹＯ ２０２０」のまま変更がないことが確認された。さらに七月二三日に開会することとなった。

　近代オリンピックが延期になるのは初めてのことである。中止は夏冬合わせて五回あり、すべてが戦争によるもので、そのうち二回は一九四〇年の夏季東京大会と同年の冬季札幌大会である。

「一九七〇大阪万博」のシンボルも新型コロナウイルスの影響をこうむることになった。五月一一日、万博記念公園の太陽の塔と大阪・新世界の通天閣で新型コロナウイルスの感染状況を示すライトアップが始まった。休業や外出自粛要請の段階的な解除に向けた「大阪モデル」の達成度を色で示すもので、一四日まで一週間連続ですべて満たせばライトアップは緑色に、一つでも満たさない日は赤色となり、基準を満たした初日は黄色に照らされた。そして一四日の夜、七日連続で基準を満たしたことから、初めて緑色にライトアップされた。じつは通天閣も博覧会と無縁ではない。現在の通天閣は一九五六年に完成した二代目だが、初代は一九〇三年（明治三六）に開催された第五回内国勧業博覧会の跡地に建設されたものである。

新型コロナウイルスの感染拡大が深刻になる直前、三月の半ばに、東京五輪にかかわる場所を歩いた。私は三〇年以上暮らした東京から、二年程前、大阪に転居していたのである。

新国立競技場はオリンピックの準備のためかフェンスで囲われ、都営地下鉄大江戸線の国立競技場駅から一周したが、ただただ巨大だった。ザハ・ハディド案で問題視された景観破壊に配慮したためか、記念碑性に乏しく、どこから見てもとりとめがない。競技やイベントが開催されていないにしても、期待感の演出といったものが考慮されているようには感じられなかった。荘厳や華美でなくても、巨大イベントの〝聖地〟になる状況が想像できなかったのである。

丹下の代々木競技場も閑散としていた。原宿駅から代々木公園にかけては、自粛ムードが始まりかけていたにもかかわらず、多くの人出があるのに、競技場の周囲にはほとんどだれもいない。常設のショップなどがないとはいえ、休憩をしたり、記念写真を撮ったりするような人もいない。戦後建築の名作だという目で見れば、その造形美は評価できるのだろうけれど、都心にありながら日常と乖離しているのだ。東京都庁舎にも行ってみたが、新宿駅西口からではなく十二社のほうから近づいていくと、冷徹な巨大建築とその麓のざわざわした雰囲気のギャップがおもしろかった。

一方、駒沢オリンピック公園は多くの人でにぎわっていた。家族連れが子どもと遊び、球技を楽しむ若者たちの歓声が響いていた。中央広場や周囲の木陰で憩う人や散策する人も少なくなかった。かつてのくぬぎ山やゴルフ場の痕跡は見当たらないものの、ここにはイベントがない日でもささやかな祭りがおこなわれているように感じた。しかし、ここから始まるはずだった東京都の聖火リレーも延期になってしまった。

延期の末におこなわれるイベントは、一時的な熱狂は生むものの、大衆の深い感情に訴える「遺産」を残すものになるのだろうか。五輪も万博も開発と翻弄の歴史であり、そのうえで刻まれていく記憶は痛切なものであるに違いない。

夢の大橋の「夢」

有明西運河をまたぐ、東京都江東区青海と同区有明を結んで「夢の大橋」が架かる。全長は三六〇メートルの歩行者・自転車専用橋である。「ドリームブリッジ」とも呼ばれるこの橋は、港区台場、江東区青海、江東区有明にまたがるシンボルプロムナード公園内に一九九〇年（平成二）に竣工した。最大幅六〇メートルの日本一幅広い歩道橋で、一九九五年には橋梁・鋼構造工学での優れた業績に対して贈られる土木学会田中賞を受賞した。その規模に比して知られているとはいえないこの橋は、都市博メインストリートになる予定だったのだ。

しかし、「二〇二〇東京五輪」が始まれば、開催中はこの橋に聖火台が設置される予定なのである。開会式の際、国立新競技場で灯された聖火は橋の上の聖火台に移して点火され、閉会式前に消されることになっているという。国立新競技場に聖火台が設計されていなかったために考案された苦肉の策だが、夢の大橋にとっては実現すればまさに、夢のような晴れ舞台になることだろう。

夢の大橋（撮影　筆者）

東京周辺の関連地図
秋葉原
江戸東京博物館
両国
本武道館
皇居
丸の内
東京駅
東京国際
フォーラム
国会議事堂
坂
銀座
隅田川
東京都
現代美術館
深川
新橋
築地
勝鬨橋
月島
東京タワー
晴海
豊洲
浜松町
豊洲市場
ゆりかもめ
りんかい線
レインボーブリッジ
有明
品川
お台場
東京湾

新宿
新宿駅
東京都庁
代々木
新宿御苑
JR 中央本線
（中央・総武線）
甲州街道
明治神宮
新国立
競技場
神宮外苑
原宿
代々木公園
代々木屋内競技場
青山
渋谷
六本木
渋谷駅
東急田園都市線
JR 山手線
駒沢オリンピック公園

五輪と万博の関連年表

西暦（和暦）	五輪・万博関連	その他の出来事
一八六七（慶応三）	パリ万国博覧会（第二回）開催。幕府、薩摩藩・佐賀藩が出品し、水戸藩の徳川昭武、渋沢栄一らがパリへ。	
一八六八（慶応五・明治元）		鳥羽伏見の戦い・戊辰戦争、明治維新。
一八七三（明治六）	ウィーン万国博覧会開催。日本政府として正式に初参加。	
一八七七（明治一〇）	東京上野で第一回内国勧業博覧会開催。	西南戦争。
一八八一（明治一四）	上野で第二回内国博覧会開催。	
一八八五（明治一八）	西郷従道が一八九〇年開催の亜細亜大博覧会を提案したが実現せず。	
一八八九（明治二二）		大日本帝国憲法発布。
一八九〇（明治二三）	上野で第三回内国博覧会開催。	
一八九四（明治二七）		日清戦争（～九五年）。
一八九五（明治二八）	京都岡崎で第四回内国博覧会開催。	
一九〇三（明治三六）	大阪で第五回内国博覧会開催。	
一九〇四（明治三七）		日露戦争（～〇五年）。
一九〇七（明治四〇）	日露戦争戦勝を記念して一九一二年に日本大博覧会の開催を決定。	

一九一〇（明治四三）	ロンドンで日本初の国際相互博覧会日英博覧会開催。	
一九一二（明治四五・大正元）	ストックホルム夏季五輪が開催され、日本が初めて参加する。	明治天皇崩御。
一九一四（大正三）	東京上野で東京大正博覧会開催。日本大博覧会計画が中止になる。	第一次世界大戦（〜一八年）。
一九一五（大正四）	京都岡崎で大正天皇即位大礼を記念した大典記念京都博覧会開催。	
一九一八（大正七）		米騒動。
一九二二（大正一一）	東京上野で第一次世界大戦終結後の平和を記念した平和記念東京博覧会開催。	
一九二三（大正一二）		関東大震災。
一九二六（大正一五・昭和元）		大正天皇崩御。
一九二八（昭和三）	国際博覧会条約が採択され日本を含む三一か国が調印したが、日本は批准せず非加盟国となる。	
一九二九（昭和四）		世界恐慌。
一九三〇（昭和五）	永田秀次郎東京市長がオリンピック招致を起案。	昭和恐慌（〜三一年）。
一九三一（昭和六）		満州事変。
一九三二（昭和七）	東京市が一九四〇年オリンピック夏季の開催に正式に立候補。	五・一五事件。
一九三六（昭和一一）	兵庫県西宮で輝く日本大博覧会開催。IOCベルリン総会で東京オリンピック東京開催が決定。	二・二六事件。
一九三七（昭和一二）	IOCワルシャワ大総会で一九四〇年オリンピック冬季大会の札幌開催が決定。日本万国博覧	日中戦争（〜四五年）。

会協会が発足。

一九三八（昭和一三）　東京・札幌両オリンピックの開催権を正式に返上、日本万国博覧会は延期が決定。

一九三九（昭和一四）　第二次世界大戦（〜四五年）。

一九四〇（昭和一五）　紀元二千六百年記念式典挙行。

一九四一（昭和一六）　太平洋戦争（〜四五年）。

一九四五（昭和二〇）　広島・長崎に原爆投下。ポツダム宣言を受諾し日本は降伏。

一九五二（昭和二七）　朝鮮戦争（〜五三年）。

一九五四（昭和二九）　一九六〇年オリンピック夏季大会開催地に東京が立候補。

一九五五（昭和三〇）　パリで開かれたＩＯＣ総会で一九六〇年夏季大会五輪の開催地がローマに決定（東京は投票で最下位）。

一九五八（昭和三三）　東京でアジア競技大会開催。

一九五九（昭和三四）　西ドイツのミュンヘンで開かれたＩＯＣ総会で一九六四年五輪夏季大会の開催地が東京に決定。

一九六〇（昭和三五）　安保闘争。

一九六四（昭和三九）　政府が国際博覧会の日本開催の検討を閣議決定。東京オリンピック開催。　東海道新幹線開業。

一九六五（昭和四〇）　日本が国際博覧会条約に加盟し、一九七〇年万博の大阪開催が正式に決定。

一九六六（昭和四一）　ローマで開催されたＩＯＣ総会で一九七二年冬季五輪の開催地が札幌に決定。

一九七〇（昭和四五）　大阪千里で日本万国博覧会（大阪万博、EXPO'70）開催。

一九七二（昭和四七）　札幌で冬季五輪開催。　沖縄本土復帰。

一九七五（昭和五〇）　沖縄県国頭郡本部町で沖縄国際海洋博覧会（海洋博）開催。

一九七九（昭和五四）　鈴木俊一が東京都知事に当選。

一九八〇（昭和五五）　モスクワ五輪開催。米国ほか西側諸国がボイコット。

一九八四（昭和五九）　ロサンゼルス五輪開催。ソ連ほか東側諸国がボイコット。

一九八五（昭和六〇）　茨城県で国際科学技術博覧会（科学万博、つくば万博）開催。長野県議会・市議会が一九九八年冬季五輪の招致を決議。

一九八八（昭和六三）　一九九八年冬季五輪の国内候補地に長野が選ばれる。

一九八九（昭和六四・平成元）　東京フロンティア基本計画大綱決定。　昭和天皇崩御。

一九九〇（平成二）　大阪鶴見緑地で国際花と緑の博覧会（花博）開催。

一九九一（平成三）　イギリス・バーミンガムで開かれたIOC総会で一九九八年冬季五輪の開催地が長野に決定。　西新宿に東京都庁舎竣工。

一九九三（平成五）　東京お台場で世界都市博覧会の開催が決定。

一九九五（平成七）　東京都知事選で当選した青島幸男が世界都市博覧会の中止を発表。　阪神・淡路大震災。地下鉄サリン事件。

一九九七（平成九）　二〇〇八年夏季五輪の国内候補地に横浜を破り大阪が選ばれる。

一九九八（平成一〇）	冬季長野五輪開催。	
二〇〇五（平成一七）	三月、愛知県で日本国際博覧会（愛・地球博）開催。	
二〇〇六（平成一八）	二〇一六年夏季五輪の国内候補地に福岡を破り東京が選ばれる。	
二〇〇九（平成二一）	コペンハーゲンで開かれたＩＯＣ総会で二〇一六年夏季五輪の開催地がリオデジャネイロに決まる（東京は二回目の投票で落選）。	
二〇一一（平成二三）	石原慎太郎東京都知事が二〇二〇夏季五輪の東京招致を表明。	東日本大震災。
二〇一二（平成二四）	新国立競技場の国際デザインコンペでザハ・ハディド・アーキテクトが最優秀賞を受賞。	
二〇一三（平成二五）	ブエノスアイレスで開かれたＩＯＣ総会で二〇二〇年夏季五輪の開催地が東京に決定。	
二〇一五（平成二七）	新国立競技場建設計画のザハ・ハディド案が白紙撤回され、再選考の上、隈研吾ほかのチームによる案に変更される。	
二〇一八（平成三〇）	パリで開催されたＢＩＥ総会で二〇二五年国際博覧会の開催地が大阪に決定。	
二〇一九（平成三一・令和元）		天皇明仁が生前退位し、皇太子徳仁親王が天皇に即位。
二〇二〇（令和二）	二〇二〇年夏季五輪東京大会の開催延期が決定し、二〇二一年七月二三日に開会することとなる。	世界的規模で新型コロナウイルスによる感染症が拡大。

参考・引用文献一覧

阿川弘之「男子選手村の風景」（石井正己編『1964年の東京オリンピック——「世紀の祭典」はいかに書かれ、語られたか』河出書房新社、二〇一四年）

阿部知二『日独対抗競技』（『現代日本文学全集44』筑摩書房、一九五五年）

荒木経惟『荒木経惟写真全集6　東京小説』平凡社、一九九六年

五十嵐太郎『日本建築入門——近代と伝統』ちくま新書、二〇一六年

五十嵐太郎「建築可能であったプロジェクト」（五十嵐太郎監修『インポッシブル・アーキテクチャー』平凡社、二〇一九年）

磯崎新『磯崎新の思考力——建築家はどこに立っているか』王国社、二〇〇五年

磯崎新「超高層ではシティホールはなりたたない」（彰国社『建築文化』一九八六年六月号）

磯崎新「私の履歴書」日本経済新聞、二〇〇九年五月一一日

今泉宜子編・明治神宮社務所発行『明治神宮　戦後復興の軌跡——いとも厳しく美はしく社殿成りて』鹿島出版会、二〇〇八年

大岡昇平『少年』講談社文芸文庫、一九九一年

大阪大学21世紀懐徳堂編『なつかしき未来「大阪万博」——人類は進歩したのか調和したのか』創元社、二〇一二年

大阪府編『千里ニュータウンの建設』大阪府、一九七〇年

大林太朗「関東大震災（一九二三年）からの復興と第一二回オリンピック東京大会（一九四〇年）招致に関する研究――「復興五輪」の歴史学的検討」二〇一七年度笹川スポーツ研究助成研究成果報告書

岡本太郎（山下裕二ほか編）『岡本太郎の宇宙３　伝統との対決』ちくま学芸文庫、二〇一一年

荻野三七彦ほか（東京にふる里をつくる会編）『東京ふる里文庫20　世田谷区の歴史』名著出版、一九七九年

小田内通敏『都市及村落の研究　帝都と近郊』（三浦展編『昭和の郊外　東京・戦前編』柏書房、二〇一六年）

片木篤『オリンピック・シティ東京――１９４０・１９６４』河出ブックス、二〇一〇年

川合健二ほか『川合健二マニュアル』編集出版組織体アセテート、二〇〇七年

暮沢剛巳『オリンピックと万博――巨大イベントのデザイン史』ちくま新書、二〇一八年

越澤明『東京都市計画物語』ちくま学芸文庫、二〇〇一年

越澤明『東京都市計画の遺産――防災・復興・オリンピック』ちくま新書、二〇一四年

小林信彦・荒木経惟『私説東京繁昌記』ちくま文庫、二〇〇二年

堺屋太一『史上最大の行事　万国博覧会』光文社新書、二〇一八年

佐々木信夫『都知事――権力と都政』中公新書、二〇一一年

白洲正子『白洲正子自伝』新潮文庫、一九九九年

城山三郎『もう、きみには頼まない――石坂泰三の世界』文春文庫、一九九八年

杉本苑子「あすへの祈念」（石井編『１９６４年の東京オリンピック』）

鈴木俊一『私の履歴書』日経事業出版社、一九八二年

鈴木俊一『回想・地方自治五十年』ぎょうせい、一九九七年
鈴木俊一『官を生きる——鈴木俊一回顧録』都市出版、一九九九年
鈴木伸子『ＴＯＫＹＯ建築50の謎』中公新書ラクレ、二〇〇八年
竹内正浩『地図で読み解く東京五輪——１９４０年・１９６４年・２０２０年』ベスト新書、二〇一四年
武村雅之『関東大震災を歩く——現代に生きる災害の記憶』吉川弘文館、二〇一二年
田山花袋『東京の三十年』岩波文庫、一九八一年
丹下健三「東京計画——１９６０ その構造改革の提案」（新建築社『新建築』一九六一年三月号）
丹下健三・都市・建築設計研究所「東京都新都庁舎指名設計競技実施案」（新建築社『新建築』一九八六年五月号）
丹下健三・藤森照信『丹下健三』新建築社、二〇〇二年
塚田博康『東京都の肖像——歴代知事は何を残したか』都政新報社、二〇〇二年
豊川斎赫『丹下健三——戦後日本の構想者』岩波新書、二〇一六年
中村真一郎・福永武彦・堀田善衛『発光妖精とモスラ』筑摩書房、一九九四年
那須皓「代々木村の今昔」（柳田国男編『郷土会記録』大岡山書店、一九二五年）
日本万国博覧会協会編『日本万国博覧会公式ガイドブック』日本万国博覧会協会、一九七〇年
野地秩嘉『ＴＯＫＹＯオリンピック物語』小学館文庫、二〇一三年
橋本一夫『幻の東京オリンピック——１９４０年大会招致から返上まで』講談社学術文庫、二〇一四年
畑中章宏『蚕——絹糸を吐く虫と日本人』晶文社、二〇一五年
ブルーガイド編集部編『地図と写真で見る東京オリンピック１９６４』実業之日本社、二〇一五年

古川隆久『皇紀・万博・オリンピック——皇室ブランドと経済発展』中公新書、一九九八年
ホワイティング、ロバート（玉木正之訳）『ふたつのオリンピック——東京1964／2020』KADOKAWA、二〇一八年
松山巖「世界都市博覧会とは、いったい何だったのか。」（筑摩書房『頓智』一九九六年七月号）
松山巖『群衆——機械のなかの難民』中公文庫、二〇〇九年
宮本常一（田村善次郎編）『宮本常一講演選集3 都会文化と農村文化』農山漁村文化協会、二〇一四年
吉見俊哉『万博と戦後日本』講談社学術文庫、二〇一一年
吉見俊哉『五輪と戦後——上演としての東京オリンピック』河出書房新社、二〇二〇年
吉村元男『大阪万博が日本の都市を変えた——工業文明の功罪と「輝く森」の誕生』ミネルヴァ書房、二〇一八年
吉本隆明『背景の記憶』平凡社ライブラリー、一九九九年
読売新聞社解説部『時代の証言者7 国づくり——下河辺淳・鈴木俊一』読売新聞社、二〇〇五年
四方田犬彦『月島物語』集英社文庫、一九九九年

あとがき

構想から数年がかりの書下ろしは、最後に来て、さまざまな事情に翻弄されることとなった。とくにV章は、現在進行形のコロナ禍のなかで書き続けたものである。もともと一九四〇年の幻の五輪と万博、一九九六年の都市博中止への関心が、この本を書くきっかけのひとつだった。実現したならともかく、中止や延期になった巨大イベントは、その後に何を残したのか。

原稿の執筆・校正作業が延び延びになっているうちに、目前の東京オリンピックの雲行きまで怪しくなってきた。一時は中止の可能性もささやかれたが、結局は一年延期の判断が下されることになる。このような事態はパンデミックがもたらしたものなのだから、現在の状況が劇的に好転しなかった場合、オリンピックはやはり中止になるかもしれない。

社会史をめざしたこの本を、もっと非人間的に描き出すべきだったのではないかと反省し始めている。「人よりも土地が大事」と開き直って、巨大イベントの酷薄さを、さらに強調できたのではないかといまさらながらに思うのである。

本来であれば、記念すべき開会式（の予定日）までに刊行するつもりだった。開催されるか否か、延期か中止かはっきりしない時期に校正の筆が滞ってしまった。その間も温かい言葉をかけて励ましてくださった春秋社の手島朋子さんに心からお礼を申し上げます。

コロナ禍はいま、その第二波が懸念されているさなかである。何年かしたあと、本書が「宙ぶらりん」な気分を反映したささやかな記念碑として、不安な日々を思い出させてくれることを期待して。

二〇二〇年六月　東海道新幹線の車中で

畑中章宏

［著者紹介］
畑中 章宏（はたなか・あきひろ）

1962年大阪生まれ。民俗学者・作家。著書に『柳田国男と今和次郎』『『日本残酷物語』を読む』（平凡社新書）、『災害と妖怪』『津波と観音』（亜紀書房）、『天災と日本人』（ちくま新書）、『先祖と日本人』（日本評論社）、『ごん狐はなぜ撃ち殺されたのか』『蚕』（晶文社）、『21世紀の民俗学』（KADOKAWA）、『死者の民主主義』（トランスビュー）、『関西弁で読む遠野物語』（訳・解説／エクスナレッジ）ほか。都市・建築関連で編集した刊行物に『建築家の仕事』（平凡社）、『精神と空間 白井晟一』『今和次郎 採集講義』（青幻舎）がある。

五輪と万博　開発の夢、翻弄の歴史

2020年7月30日　第1刷発行

著　者　畑中章宏
発行者　神田　明
発行所　株式会社　春秋社
〒101-0021　東京都千代田区外神田2-18-6
電話　(03)3255-9611（営業）
(03)3255-9614（編集）
振替　00180-6-24861
https://www.shunjusha.co.jp/
印刷所　株式会社　太平印刷社
製本所　ナショナル製本協同組合
装　丁　伊藤滋章

ISBN978-4-393-29132-0 C0014　定価はカバー等に表示してあります